超解析
加密資產
大趨勢

Web3的新金融模式！
認識加密貨幣的運作原理、
投資方式與隱藏風險

60分でわかる！
暗号資產超入門

U0076551

開米瑞浩●著　　陳識中●譯

Contents

Part 3 探究金錢的原理

加密資產
能成為「貨幣」嗎？......53

Part 4 市場買賣的機制

認識加密資產的
交易方法......71

Part

5

改變數位內容的流通方式

什麼是加密資產／NFT技術？

Part

6

超越加密資產的框架向外擴散

區塊鏈將改變社會

Part 7 正確認識風險和前景

加密資產的課題與未來
················ 137

Part

1

跳出比特幣的框框

從投機邁向實用！
加密資產最前線

1BTC＝700萬日圓的衝擊

▶ 愈來愈多人把加密資產視為投資對象，相關技術的應用也在推進

　　最具代表性的加密資產比特幣（BTC）的價格在2017年第一次爆紅時約達220萬日圓（新台幣58萬），隨後低迷了一段時間，直到2021年再度暴漲，在該年11月創下約750萬日圓（新台幣170萬）的紀錄。如今，可以說社會已普遍把比特幣當成一種投資對象。

　　日幣和美金是法律規定的「法定貨幣」，而比特幣則被稱為「虛擬貨幣」。法幣存款可以透過匯款轉給身在遠方的賣家，但必須透過銀行當仲介，沒有匿名性，且跨國匯款的手續費很高、匯款時間長，有很多不方便之處。相對地，加密資產不需要中介，可以匿名地跨國交易。加密資產的運作機制就是由一群崇尚「**不受物理和法律約束的自由性**」的人們所創造的。

　　但在這種自由的背後，由於過去沒有任何前例或類似的例子，不具實體、沒有負責人的「幣圈」也充斥了「可疑」的氣氛，導致很多人把加密資產視為一種詐欺。然而現實是加密資產的交易系統不僅運作了超過10年，市值還在5年中成長了超過100倍，變成投機抄作的熱門商品。如今除了比特幣外已存在數千種以上的加密資產，連投資機構也開始把加密資產放入投資組合來分散風險。

　　更有大型企業開始接受加密資產支付，甚至還有國家把比特幣定為法定貨幣；同時加密資產的底層技術**區塊鏈**在商務上的應用也正在推進，逐漸展現加密資產意外堅實的一面。

▶ 5年間價格上漲100倍的比特幣，這波熱潮將持續到幾時？

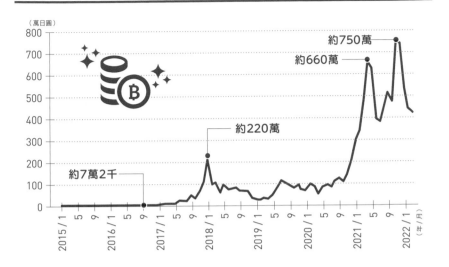

（萬日圓）

約750萬

約660萬

約220萬

約7萬2千

2015 / 1
5
9
2016 / 1
5
9
2017 / 1
5
9
2018 / 1
5
9
2019 / 1
5
9
2020 / 1
5
9
2021 / 1
5
9
2022 / 1
（年/月）

▶ 儘管被視為危險的存在，「創造加密資產的技術」仍持續拓展應用範圍

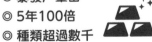

沒有管制
◎ 不需要中介
◎ 跨國性
◎ 匿名
◎ 完全數位化

可疑
◎ 沒有實體
◎ 沒有前例
◎ 沒有負責人
◎ 詐欺？

投機對象
◎ 暴發戶輩出
◎ 5年100倍
◎ 種類超過數千
◎ 獨立的價格波動

意外地堅實
◎ 被大型企業和公共組織採用
◎ 被定為法定貨幣
◎ 區塊鏈技術的應用

總結	☐ 到2022年初為止的價格波動終究是投機炒作的結果
	☐ 價格變動太大的貨幣難以成為大眾支付工具
	☐ 區塊鏈技術的應用跟加密資產的發展分道揚鑣

為什麼薩爾瓦多
將比特幣定為法定貨幣

▶ 加密資產的法幣化有可能發生在其他國家，但比較有限

2021年9月，比特幣正式成為薩爾瓦多的第二法定貨幣。這是第一個採用加密資產當成法定貨幣的案例，相信未來也還會有其他國家跟進。

薩爾瓦多之所以推行這項政策，是出於①該國有7成國民**沒有銀行戶頭**，②該國原本就沒有自己的貨幣，無須考慮貨幣主權和金融政策自主性的問題，③該國依靠地熱發電，不需額外消耗燃料提供能源，適合比特幣挖礦等等原因。

然而，除此之外該國也面對④比特幣交易速度慢，且⑤價格波動劇烈，難以用於日常支付，⑥國民對政府的政策缺乏信賴等負面因素，實際上比特幣能否被廣泛接受、發揮法幣的功能，仍是一個未知數。

另一方面，金融市場的反應又完全不同。2021年6月，當薩爾瓦多公布將使比特幣成為法定貨幣後，原本低迷的比特幣價格在一週內從3萬3千美元的低谷回升到4萬1千美元，並在9月初漲到5萬3千美元。雖然在政策正式上路後，價格應驗了「市場因期望而買進，在期望實現後賣出」的格言再次下跌，不過於11月時仍一度漲到當年的最高點6萬8千美元。

「加密資產的法幣化」政策，未來還會出現嗎？在貨幣相對弱勢的小國，未來也許仍有可能出現相同的政策，但薩爾瓦多的國情特殊，原本就沒有自己的貨幣，且總統權力極大又獨裁，是一個比較特別的例子，對**市場的影響比較有限**。

● 比特幣法幣化的正面因素和負面因素

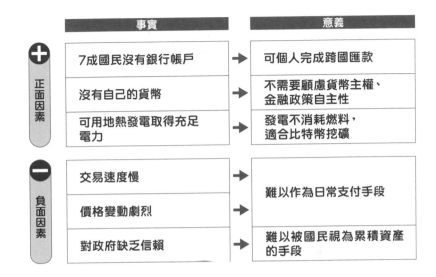

	事實		意義
正面因素	7成國民沒有銀行帳戶	→	可個人完成跨國匯款
	沒有自己的貨幣	→	不需要顧慮貨幣主權、金融政策自主性
	可用地熱發電取得充足電力	→	發電不消耗燃料，適合比特幣挖礦
負面因素	交易速度慢	→	難以作為日常支付手段
	價格變動劇烈	→	
	對政府缺乏信賴	→	難以被國民視為累積資產的手段

● 為推行比特幣法幣化而實施的政策

 由政府提供官方錢包

 對所有國民發放價值30美元的比特幣

● 比特幣法幣化的潮流及影響

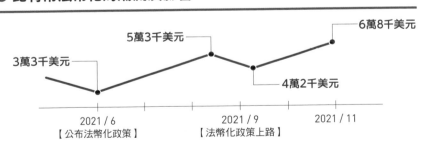

6萬8千美元

5萬3千美元

3萬3千美元

4萬2千美元

2021／6
【公布法幣化政策】

2021／9
【法幣化政策上路】

2021／11

總結	☐ 加密資產作為貨幣的可行性已得到實證
	☐ 未來仍可能有其他貨幣弱勢的小國推行此類政策
	☐ 薩爾瓦多屬於特殊案例，對市場的影響有限

因新冠疫情而加速的
捷克數位貨幣計畫

▶ 數位貨幣的靈活性可應用於行政

　　捷克共和國的小城基約夫在2021年進行了一個社會實驗，藉由發行**數位區域貨幣**Corrent來刺激地方經濟。其機制QR碼型的電子現金類似：①首先消費者要到Corrency System註冊帳號，②開戶後會收到一定額度的Corrent。③消費者在基約夫市內的商店購物時出示Corrent的ID即可獲得50%折扣。④消費時商家把付款資訊上傳到Corrency System，然後⑤系統將自動把Corrent從消費者的帳戶匯到商家的帳戶。⑥最後商家可以收到與帳戶內Corrent等額的法定貨幣。

　　此計畫只限基約夫市的市民和商家領取與使用Corrent，且Corrent也設有使用期限，鼓勵民眾在期限內消費。

　　儘管Corrent與其說是貨幣，本質上更接近**限定用途、區域、時效**的電子折價券，但這項實驗驗證了以社區為單位發行的「數位區域貨幣」確實是一種成本比紙本折價券更低的「靈活且有益的政策工具」。

　　通常的「加密資產」具有匿名性，可以跨國交易，也沒有用途和時效的限制，且不需要仲介和管理者，相比之下基約夫市的Corrent設計完全相反。雖然加密資產受到關注的一大原因是「不受國家管控管」，但如果是要應用在行政上，「利用數位特性並加上限制」反而更為重要。

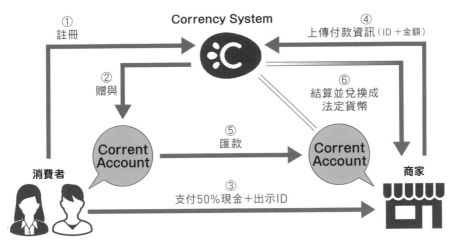

◎ 捷克基約夫的區域貨幣Corrency計畫概要

① 註冊

Corrency System

④ 上傳付款資訊（ID＋金額）

② 贈與

⑥ 結算並兌換成法定貨幣

Corrent Account

⑤ 匯款

Corrent Account

消費者

③ 支付50%現金＋出示ID

商家

★ 只限基約夫的市民和商家領取與使用 Corrent

* Corrency 計畫：計畫名稱的含義是戰勝新冠病毒

◎ 一般「加密資產」跟Corrency的不同

	加密資產（比特幣等）	Corrency
匿名性	有	不需要
區域性	跨國	僅限基約夫市
用途限制	無限制	僅限註冊商家
時效	無限制	有限時效
仲介、管理者	不需要	需要

總結	☐ 數位貨幣雖然不自由，卻是靈活且有益的政策工具
	☐ 本質更像限定用途、區域、時效的電子折價券
	☐ 證明貨幣能夠以社區為單位發行的案例

數位人民幣等各國央行的數位貨幣發行計畫

● CBDC可有效救濟金融弱勢和打擊犯罪

我們平時所用的錢（銀行券）是由中央銀行發行。另一方面，金融機構可以用「增加客戶帳戶中的存款金額」來融資超出銀行券總量的金額。換言之金融機構可以將市面流通的貨幣存量（money stock）放大成好幾倍，這種功能叫做**貨幣擴張**。而這些貨幣存量會隨著經濟活動，以現金消費、刷卡消費、銀行匯款等形式在市場上流動。

與此相對的，CBDC（中央銀行數位貨幣）是中央銀行發行來取代銀行券的數位貨幣，它跟銀行券同屬貨幣存量的一部分，並在市場上流通。而且不同於存款或電子現金，CBDC不需要透過銀行等仲介也可以在線上匯款，因此可以跟全球各地許多仍「沒有銀行帳戶的人」和「金融基礎建設不發達的國家」進行電子商務。這是各國開始推動CBDC的原因之一。除此之外，CBDC不同於現今，在一定程度上可以追蹤金流，具有**防制洗錢**等打擊犯罪上的好處。

但另一方面，由於CBDC不需依賴銀行進行線上匯款，可能導致「存款」在貨幣存量中的占比下降，從而降低傳統金融機構的貨幣擴張功能，造成貨幣存量減少，對經濟帶來負面影響。此外，也有人質疑數位貨幣在災難發生時的可靠性，以及個資安全和網路攻擊等問題，不過現在歐美和日本、中國、印度等國都有發行CBDC的聲浪，相信CBDC遲早會以某種形式落地。

● 中央銀行發行的數位貨幣（CBDC）旨在取代現金

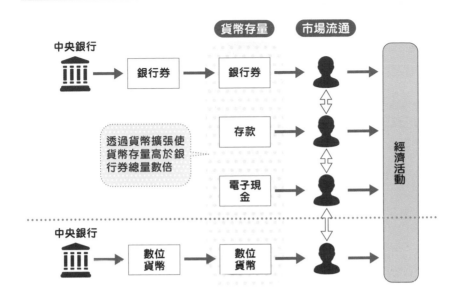

貨幣存量　　市場流通

中央銀行 → 銀行券 → 銀行券 → ↕

存款 →

透過貨幣擴張使貨幣存量高於銀行券總量數倍 ┄┄ 電子現金 →

經濟活動

中央銀行 → 數位貨幣 → 數位貨幣 →

● 推動CBDC的目的

◎ 救濟金融弱勢（普惠金融）　　◎ 打擊犯罪
◎ 完備金融基礎建設

● 對CBDC的擔憂和質疑

◎ 削弱金融仲介的功能　　◎ 網路攻擊對策
◎ 個資安全　　　　　　　◎ 天災對策

總結

☐ 中央銀行發行的數位貨幣（CBDC）不是加密貨幣
☐ 數位貨幣可彌補「現金」的許多缺陷
☐ CBDC的普及、擴張對金融系統的影響仍是未知數

投資額超過10兆日圓的
分散式金融「DeFi」

▶ 沒有金融事業通常不可少的信貸與回收

不透過金融機構，僅用程式自動進行加密資產借貸的**分散式金融
DeFi**近年正在不斷成長，那麼分散式金融到底是用什麼樣的機制運
作呢？

通常，金融事業會「集約」小本資金。比如數十至數百萬的家戶
儲蓄只要大量集中，就能形成數以億計甚至兆計的資金池，因此可以
融資給需要大量資金的融資者。此時，金融機構會審查借款者的信用
能力，進行「信貸」，若審查通過的話就執行「融資」，然後後日收
取「償還」，結束整個流程。然而，萬一借款方拖欠償還金的話，金
融機構就不得不透過法律途徑以強制執行等方式進行「回收」。這是
一般金融業務最單純的例子。

相較於此，DeFi中的借方和貸方是透過平台進行借貸。平台只單
純依照程式碼執行契約，**無法像金融機構那樣進行信貸和回收**。因此
現在的DeFi基本上都會要求借方存入某些加密資產作為擔保，並在擔
保額度內進行交易。

另一個重點則是借來資產的用途。傳統的金融服務如房屋貸款或
事業融資等都是在現實世界使用數年以上的長期借貸，而目前DeFi並
不適合這樣的用途。實際上DeFi充其量只能在幣圈中進行多種商品的
短期買賣，並利用價差獲利，是一個投機性市場。

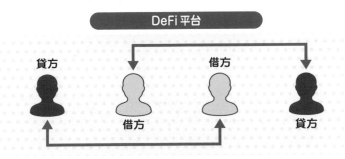

● 無須中心化管理者進行金融行為的DeFi概念圖

- ▶ 借方、貸方之間沒有中心化管理者（金融機構）介入
- ▶ DeFi平台僅依照程式碼執行契約
- ▶ 「DeFi」是分散式金融服務的總稱，不是特定服務的名稱

● 一般來說「金融」必須具有哪些功能？

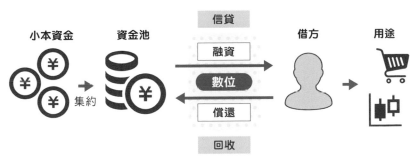

- ▶ 融資和償還可以完全程式化（數位化）
- ▶ 信貸和回收屬於現實世界的業務，很難程式化

* DeFi：Decentralized Finance，分散式金融

總結	☐ **DeFi**（分散式金融）**的市場規模超過10兆日圓**（2021/11月時） ☐ **可用程式處理取代人力干預借貸加密資產的平台** ☐ **不適合用於籌措事業資金、生活資金等實需性的金融**

可用於交易數位內容的NFT

◉ NFT可顯示數位內容所有者的資訊

加密資產（虛擬貨幣）所用的區塊鏈技術，也可以應用於非貨幣性質的NFT，在數位內容交易方面的應用性備受期待。

NFT是Non Fungible Token的簡稱，通常翻譯為「**非同質化代幣**」。錢（以及虛擬貨幣）的特性是每張1千元鈔票都同樣是1千元的價值，完全相等，但繪畫卻不一樣，即使同樣以1萬塊賣出，「人像畫」和「貓像畫」仍是不同的兩張畫，不能互相代替。而NFT便是一種可以用來標示不可替代物的加密資產。

虛擬貨幣可以「分割、加總」，比如我可以把10BTC（比特幣的單位）分成4BTC和6BTC兩筆錢來轉移，又或是把4BTC和3BTC兩筆錢加總成7BTC。然而，就如同一幅畫若切成兩張便會失去價值，而NFT也同樣不能分割或加總。因此NFT很適合用來交易「**分割後就失去意義的東西**」，比如藝術創作之類的內容。

NFT的實體是指向特定數位化內容的存取資訊。比如我們可以把紙本繪畫掃描成圖片檔，上傳到網路上，製作含有標示地址的URL的NFT。這樣製作出來的NFT可以記錄在區塊鏈上，使目標的數位資料成為獨一無二的存在，並讓人買賣該資料的所有權。因此，NFT被視為一種繪畫、照片、影片、或遊戲角色等數位內容的新流通方式，受到關注。

● 虛擬貨幣所有的交易皆可追蹤，並且可以分割、加總

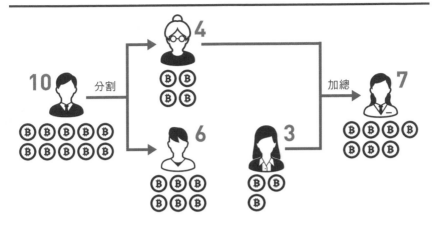

● NFT所有的交易也可被追蹤，但不能分割、加總

適合分割後就失去意義的內容

● NFT的實體是指向數位化內容的存取資訊

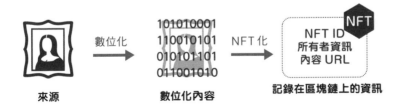

總結	☐ NFT（非同質化代幣）適合用於交易不可分割的內容
	☐ 區塊鏈上記錄的不是內容實體，而是所有權資訊
	☐ 須注意NFT擔保內容稀缺性、真確性、永續性的原理

加密資產運動的誕生背景①

❯ 我們是不是需要一個脫離國家管理的貨幣系統？

據說比特幣的設計者秉信「世界需要一個**獨立於國家管理**的自由支付系統」的哲學。

普通的貨幣（法幣）由國家或中央銀行發行，而金融機構則利用法幣建立和運用金融基礎設施。得益於這套系統，我們才能從銀行帳戶領到薪水，並用現金或信用卡結帳。

這套「國家管理的貨幣＋金融基礎設施」的機制俗稱「貨幣系統」。健全的貨幣系統對於經濟活動不可或缺。譬如一般人習慣把錢存進銀行，是因為銀行有保本機制，而且會配發存款利息；而銀行會利用這些存款對企業融資，企業則可運用這些資金經營事業獲取利益。以上全都仰賴於「健全的貨幣系統」這個大前提。

假如貨幣系統的健全性出現裂痕，那麼人們可能會因為一個「銀行要倒閉」的小道消息就把存款全部領出來，導致銀行無法向企業融資，使得需要靠融資運轉業務的公司也跟著倒閉。雷曼兄弟破產便是此類事態擴散到全世界的金融海嘯。儘管全球政府都迅速推出政策救濟金融機構，防止影響進一步擴大，一定程度上控制住了事態，但這場風暴不可否認地令人們「對國家管理的貨幣系統與金融機構**失去信任**」。

最大的證據，便是「比特幣的第一筆交易紀錄中寫入了英國首相考慮為金融海嘯中瀕臨破產的銀行提供紓困的新聞標題」這件事實。一般認為這件事代表了比特幣設計者認為「貨幣系統應從國家獨立」的哲學。

● 對易受國家和金融機構影響之貨幣系統的擔憂

貨幣的發行

國家 → 硬幣
中央銀行 → 紙幣

貨幣系統

金融基礎設施的建立、運用

金融機構

一般社會的經濟活動

生活
工作

貨幣系統健全
時經濟活動可
流暢運轉

……但，假如不健全呢？

1997年 …… 亞洲金融風暴	金融危機下各
1998年 …… 俄羅斯金融危機 →	國經濟大受打
2008年 …… 環球金融海嘯	擊

金融機構自己亂搞而破
產，為什麼國家要用稅金
去救濟他們？

我們是不是需要一個不
受國家和金融機構的人
治管理影響的貨幣系統？

比特幣誕生

總結	☐ 沒有健全的貨幣，就沒有穩定的經濟
	☐ 金融危機會發生不就是因為國家和金融機構失職嗎？
	☐ 我們是不是需要一個不受國家和金融機構左右的貨幣系統？

加密資產運動的
誕生背景②

◉ 比特幣會依循固定的規則增加

不由國家管理的話，要怎麼維持貨幣系統的健全呢？其中一個方案是「**遵循固定的規格運作**」。實際上，比特幣的總量，也就是相當於法幣的貨幣存量，會依照事先定好的速度逐漸增加。其機制類似經濟中俗稱「貨幣主義（Monetarism）」學派提倡的「貨幣供給量應每年嚴格按照相同比例增加」的思想。

既然是「固定的規則」，那就可被電腦程式化。得益於2000年代資通技術的發展，可以草根方式運行這個程式的獨立節點（隨時連接網路的電腦）愈來愈多。而軟體業界也討厭政府的管理和控制，崇尚自由、獨立的文化，有很多人對比特幣的價值觀產生共鳴。

在這樣的背景下，加密資產（比特幣）在2009年問世了。由於只要連上網路，不論身在地球的哪個角落皆可使用，也不需要認證身分，且具有傳統金融服務沒有／辦不到的便捷性，支持比特幣的人們開始慢慢增加。到了2017年，比特幣迎來第一波爆紅，隨後又因美國川普時代的擴張性財政政策、新冠疫情下各國政府防疫政策提供大量資金、以及中國經濟成長導致的「**流動性過剩**」（註），使比特幣在2021年迎來第二次暴漲。

加密資產（虛擬貨幣）運動就是在這樣的背景下誕生的，不能僅僅用曇花一現的熱潮來概括。

（註）即過多貨幣流入市場，無處可用。此時人們會把多餘的資金拿去投資，造成投資過熱。

● 貨幣供給量應按一定的規則增加

貨幣主義（經濟學的一個學派）	比特幣

貨幣（通貨）供給量不應由政策任意決定，應該依循固定的規則

比特幣的發行量依循固定的規則增加

● 當具獨立性、便利、且技術上可行的發明獲得了充裕的資金

比特幣及其他加密資產的成長

對自由、獨立的期盼
◎ 金融海嘯
◎ 金融交易監管變得嚴格

對便利性的追求
◎ 地球的所有角落都能用
◎ 無需身分認證

技術上可行
◎ 網際網路的發達
◎ 加密技術的發達
◎ 獨立節點增加

流動性過剩
◎ 川普政權的擴張性財政政策
◎ 各國為因應新冠疫情增加支出
◎ 中國經濟成長

總結	☐ 經濟學中有一學派反對政府干預貨幣供給量
	☐ 比特幣的發行量依循固定規則增加
	☐ 技術、價值觀、便利性、流動性過剩是加密資產成長的原因

「虛擬貨幣」為何會變成「加密資產」？

● 「貨幣」的名稱容易跟法定貨幣混淆

在日本，以比特幣為契機陸續問世的「虛擬貨幣」，於2019年的資金決算法修正案中被命名為「加密資產」。據說這是因為「貨幣」這個名詞容易**跟美元和歐元等外國貨幣混淆**，可能會令消費者產生誤解，本節我們就來更深入介紹一下背後的故事。

加密資產在英語圈有很多種名稱。digital currency泛指可用電子支付的貨幣，比如悠遊卡這種電子現金，或只能在遊戲內或特定地區使用的折價券和點數，全都屬於digital currency，通常存在中心化的管理者。

比特幣在誕生之初俗稱cryptocurrency（加密貨幣），但比特幣的開發者本身並沒有用currency一詞來稱呼它。

另一方面，virtual currency一詞原本是指只能在遊戲內使用的模擬貨幣，但後來網路上開始出現用法幣買賣遊戲幣的RMT（Real Money Trade）行為，更有人利用遊戲幣來洗錢，使遊戲幣成為法律監管的對象。而在「實質上可作為貨幣使用」這層意義上，比特幣也具有相同的性質，所以美國政府內部使用virtual currency統稱此類事物。本書所說的「虛擬貨幣」便是這個詞的直譯。

經歷上述變遷後，最終國際間開始使用cryptoassets這個詞，而日本也隨之開始改稱「**加密資產**」。實際上，由於大多數人購買比特幣都不是為了買賣東西，而是當成投資的資產，所以這個稱呼或許更加妥當。

Part
1

從
投
機
邁
向
實
用
！
加
密
資
產
最
前
線

● 加密資產的各種稱呼 （括號內是常見中文譯名）

Digital Currency（數位貨幣）

泛指可用電子方式結帳的貨幣，含義最廣。台灣的悠遊卡、日本的Suica、PASMO等電子現金皆屬此類。不一定要以法幣為基礎，遊戲內貨幣或只能在特定區域使用的折價券和點數也是一種數位貨幣。通常存在中心化管理者。

Cryptocurrency（加密貨幣）

應用加密技術創造的貨幣（或類似事物）。不依賴政府或中央銀行等中心化管理者中介，使用者間可直接結算交易。最早的crytocurrency是比特幣，但比特幣開發者並不用currency來稱呼比特幣。

Virtual Currency（虛擬貨幣）

英語名稱帶有「實質上具貨幣功能之物」的含義，最初是指遊戲內的虛擬貨幣，但在美國政府開始用這個詞來泛指包含crytocurrency在內的事物後，此名詞便普及開來。

Cryptoassets（加密資產）

自英格蘭銀行首先認為cryptocurrency實際上並未發揮currency的功能，因此改用cryptoassets這個名稱後，國際討論中也逐漸開始改用這個詞，而日本法律也隨之將相關用詞由「虛擬貨幣」改為「加密資產」。

總結	☐ 比特幣的開發者不用currency稱呼比特幣
	☐ 「貨幣」一名容易跟法幣產生混淆
	☐ 2019年日本在修法時將加密貨幣統一改稱「加密資產」

為什麼市面上有這麼多
亂七八糟的加密資產？

● 發行者、平台、購買者三方條件齊備

　　「加密資產」除了目前市值最大的BTC（約新台幣21兆）外，還存在如ETH、USDT、BNB等數千種商品。全世界約有200多個國家，而法幣的種類還要更少，為什麼相較之下加密資產的種類竟如此之多呢？這是因為法幣只能由國家發行，而任何比國家更小的民間組織都能任意發行加密資產。

　　發行一種新加密資產的行為俗稱**ICO（Initial Coin Offering）**。ICO牽涉到發行者、平台、以及使用者三方。發行者發行新加密資產的動機，通常是為了籌募資金或建立自己的收費系統，然後開放感興趣的使用者購買。而負責橋接發行者和使用者，實際處理加密資產資料的則是「**平台**」。由於平台的原始碼是公開的，因此任何人都可以用它建立自己的加密資產，又或是可以在發行有ETH的以太坊這個平台上，直接創造不同於ETH的加密資產。尤其是「可以直接使用既有平台」這點，大幅降低了ICO的門檻。

　　受到2017年第一次爆紅後「幣圈暴發戶輩出」的印象影響，ICO的發行者和使用者數量急速增加，很多人利用簡單的平台發行了無數的加密資產。然而當時沒有任何法律監管，因此也出現很多詐欺。現在雖然已經比當時退燒，但在購買加密資產時仍必須慎重挑選目標。

Part
1

從
投
機
邁
向
實
用
！
加
密
資
產
最
前
線

▶ 主要加密資產的市值總額　（截至 2022/2/12 時）

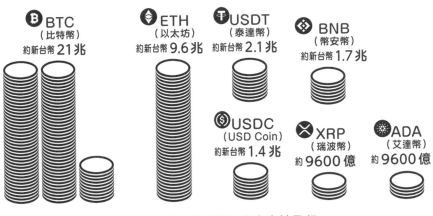

除此之外還有數千種加密資產被發行

※ BTC 是比特幣在交易所中的商品代號，ETH、USDT、BNB 亦同
※ 以太坊是平台名稱，ETH（以太幣）則是該平台使用的加密資產之一

▶ 新加密資產不停發行的原因

想發行新商品	新商品發行門檻低	想買新商品
◎ 想籌募資金來建立新服務 ◎ 想建立自己的收費系統	◎ 原始碼是公開的 ◎ 可利用既有平台（以太坊）	◎ 感覺很好賺 ◎ 想使用新服務

總結	☐ 市場長期存在發行具獨有功能的加密資產的需求
	☐ 市場上存在可輕鬆發行加密資產的平台
	☐ 因為大眾覺得購買加密資產很好賺，所以易於籌募資金

陸續以天價成交的NFT 是泡沫嗎？

▶ 2021年的連續天價成交確實是泡沫，但不僅止於泡沫

2021年3月，由一位藉藉無名的藝術家Beeple創作的NFT藝術作品 "Everydays – The First 5000 Days" 在拍賣會上以6930萬美元的價格成交，給NFT界帶來巨大的衝擊。同年，另一個名為CryptoPunks的1萬個小型數位圖片也以單件最高約2370萬美元的價格賣出，還有由twitter創辦人所發的史上第一則推文也以約290萬美元成交，陸續出現以高價成交的NFT。

諸如此類的高價拍賣是泡沫嗎？從歷史上出現過多次的典型泡沫來看，這幾次的高價成交案例也有著相同結構，所以答案是YES。比如18世紀英國的南海泡沫事件、荷蘭的鬱金香狂熱、西元2000年前後網路泡沫等等，全都是「在流動性過剩的大環境下出現鶴立雞群且有實績的**珍稀投資案件**，使得多餘資金集中湧入該市場，把價格推到異常高點」的型態。2021年的NFT元年現象也完全符合這個模式。

另一方面，NFT藝術品雖然被稱為「藝術品」，但消費客群跟傳統的實體藝術品不同，消費風格也不一樣，從這個層面來看，答案也可以說是NO。實體藝術品的購買者基本上只會買下來放在自己家裡欣賞，但NFT的作品和所有者卻是隨時被展示在網路上。NFT的意義在於證明作家和粉絲**對社群的參與及貢獻**。其中具有跟傳統的實體藝術文化全然不同的脈絡，要判斷這到底是不是泡沫，或許還需要更多一點時間。但至少，NFT這個技術本身的潛力，理應跟泡沫分開看待。

● 「泡沫經濟」在歷史上重演過很多次

南海泡沫事件

18世紀在英國取得貿易特許權的南海公司操作股價所引發。

英國南海公司的股價演變

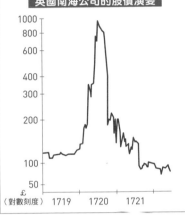

```
1000
 800
 600
 400
 300
 200
 100
  50
 £
（對數刻度）  1719    1720    1721
```

鬱金香狂熱

17世紀荷蘭發生鬱金香投資過剩，1顆球根飆漲到1棟房子的價格，並在數個月後崩跌破裂。

網路泡沫

2000年前後大量投資湧入美國網路業，催生了許多曇花一現的泡沫企業。

● 經濟泡沫的發生結構

在市場資金過剩時，一旦出現鶴立雞群且有實績的珍稀投資標的，便很容易產生泡沫。

資金過剩

新奇性

期待性、實績

總結	☐ NFT陸續高價成交的狀況很明顯是泡沫
	☐ NFT技術本身具備的潛力應該跟泡沫分開來看
	☐ 比起高價拍賣，低價內容的流通才能發揮NFT的真正價值

被當成投資和投機標的之加密資產和NFT

▶ 投資沒有事業支撐的商品很容易失控

在投資泡沫性商品前，請務必先弄清楚你要投資、投機之對象的價格究竟是依循何種原理在變化的。

所謂的投資，基本上指的是投資某種「事業」，而此時投資對象的價格正常來說是由「該事業**未來可取得之獲利的預期**」所決定。比如購買某事業公司的股票時，影響股價最大的因素是「這間公司的事業是否順利，還能提升多少獲利」等等的預期心理。除此之外，還會綜合考量「是否存在事業受阻的風險？」、「還有多少資金可用於投資？」等等因素，再決定「我可以拿出多少錢」，最後決定股價。理論上，購買股票就是「投資事業」。

另一方面，加密資產的性質跟這種投資全然不同。購買加密資產時，你付出的金錢只是單純轉移到另一個人的錢包，不會成為任何事業的資金。至少BTC和ETH等目前主要的加密資產，背後並不像股份一樣存在「事業未來的預期收益」，單純只是「很多人期待未來價格會上漲而選擇長抱（Hold），**因為賣家比買家少而推升價格**」。在投資事業時，投資人會因為價格攀高而止步，但對於這種背後沒有事業支撐的類型，當多數的買家爭相競搶稀少的商品時，就很容易把價格推到不正常的高價。

這種天價完全只靠「漲價的預期」來維持，一旦這種預期消退，價格便會一口氣逆轉並暴跌，請務必注意。

● 投資對象的當前價格來自對未來獲利的期待

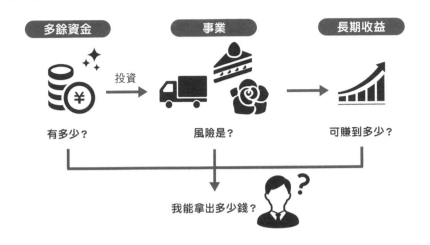

● 因漲價預期而被搶購的商品很容易被推到超出真實價值的價格

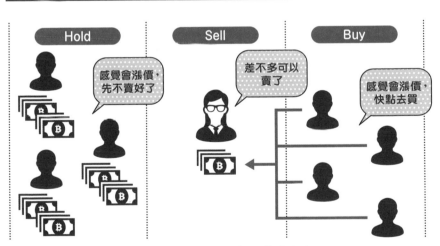

大量的「買方」湧向少量的「賣方」

總結	☐ 有錢人總是在尋找「好炒作的投資題材」
	☐ 沒有實際事業收益的投資是一種賭博
	☐ 投資因「預期」而被搶買的商品很容易失控

加密資產和NFT可作為 商務運作工具

⊙ 用NFT和加密資產對數位內容收費

本節將剖析用加密資產、NFT當成商務運作手段的原理。比特幣原本並不是設計來當投資資產，而是用於「支付」的工具，所以我們就來試著比較一下比特幣跟以前的人們發明來「代替現金的支付方法」——「匯票」的差別吧。在以前網路還不發達時，若A要把現金轉給B，通常會先到金融機構把現金兌換成標註「A匯款給B」的匯票，然後把匯票寄送給B。B收到匯票後，再拿匯票到自己附近的金融機構換成現金。由於只有B本人才能把匯票換成現金，因此用匯票匯款會比直接寄送現金更安全。

而比特幣的轉帳流程其實跟匯票一模一樣，只是改把「A匯了○○元給B」的標註寫到比特幣的帳簿上（不需透過金融機構）。然而轉帳前後把法幣換成比特幣跟把比特幣換回法幣時，匯率可能會有很大的波動，所以比特幣在這方面較**難作為一種支付手段**。

另一方面，NFT則可跟DVD等實體商品的買賣來比較。通常把電影、動畫等內容壓製成DVD拿到市場販賣時，消費者是為「所有權」付費。但問題是「為所有權付費」的模式無法反映出商品的實際使用次數，購買後只看1次的人跟看100次的狂熱粉絲所付的錢是一樣的（這個差距通常靠租借和二手轉賣來填補）。而NFT的話則不限於「所有權」，還能創造**依照「使用次數」收費**的機制。在這層意義上，NFT或許可以為數位內容創造新的流通模式。

● 「支付」用途需要的是「價值」的穩定性

不直接使用現金支付的方法一般稱為「匯兌」，而加密資產的轉帳本質上也是一種匯兌。

如果換匯時①的匯票價值和⑤的匯票價值會發生改變，那麼這種方法就不適合用於支付

● 不只能就數位內容的「所有權」，還可以就「使用權」來收費

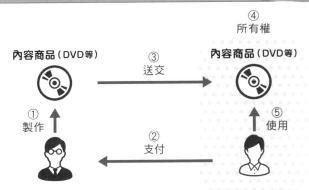

| □ 支付用途要求的是價值穩定性 |
| 總結　□ 用實體商品販賣內容是對「所有權」收費 |
| □ NFT及加密資產可以對數位內容的使用權收費 |

警惕因爆紅擴張帶來的 副作用和濫用

● 可能導致貨幣政策混亂和被濫用於犯罪

　　加密資產／NFT近年因出現大型企業的應用案例而日益知名，但必須注意副作用和被濫用的可能性。

　　在個人層面，存在因詐欺和駭客攻擊導致財產損失的可能性。可以不依賴金融機構進行交易，也意味著遇上詐欺時將得不到賠償，因此在個人層面進行金融交易時必須比以往更加小心謹慎。

　　而且就算自己非常小心，也有可能因為交易所的系統故障導致個人的財產遺失或失竊。

　　「治理不全」是決定加密資產經營方針的社群**沒能成功達成共識**的風險。實際上，比特幣和以太坊都曾因為社群意見分歧而分裂過。

　　另一方面，若加密資產在現實世界被廣泛使用，那麼既有的貨幣政策將有可能失效，導致貨幣價值劇烈波動等情況。此外現在主流的幾種加密資產都會消耗非常大量的電力，這個問題也被批評已久，相信在未來將會需要提出某種解決方案。

　　而且不可否認的，加密資產的「匿名性」對犯罪組織來說是一種非常方便的特性。實際上，在過去駭客用勒索軟體威脅企業支付贖金時，幾乎都指定用加密資產支付。從洗錢防制（AML）／打擊資助恐怖主義*的層面來看，要求政府對加密資產制定**監管措施**的聲浪也日益提高，尤其很多交易所已開始採取嚴格的實名認證措施（參照P.154）。

▶ 從使用者個人層級到國家政策層級都有很多問題

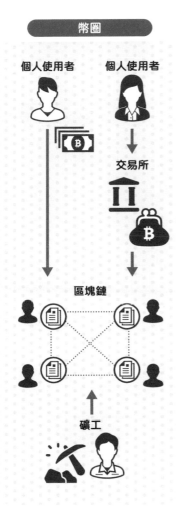

幣圈

個人使用者　　個人使用者

交易所

區塊鏈

礦工

◎ 詐欺　　　◎ 貶值
◎ 網路攻擊　◎ 治理不全
◎ 系統故障

現實世界

◎ 貨幣政策混亂
◎ 能量消耗增加

地下交易

◎ 洗錢
◎ 資助恐怖主義

* AML ／ CFT:
Anti Money Laundering ／
Countering the Financing of Terrorism

總結	
	☐ 匿名性高的支付手段容易被用於犯罪交易
	☐ 作為虛擬貨幣的使用範圍增加可能招致貨幣政策混亂
	☐ 系統故障或人為失誤也可能導致財產損失

● Column

高價NFT是一種散財宴？

　　本書的編輯T先生最早拿著企劃向筆者提議「請問您想不想寫一本有關加密資產的書？」，是在2021年11月的時候。因為感覺會有很意思，所以我便一口答應，馬上開始提筆，但認真下筆後才發現，加密資產是一個非常跨領域的題目。

　　技術面來看，加密式、分散式帳本／資料庫技術在整個資訊科技領域中也算是比較小眾（失禮！）的分野。而從虛擬「貨幣」的側面來分析，則需要認識貨幣管理的理論，一旦開始討論為什麼這種東西可以成為貨幣，便需要讀過經濟史和貨幣史，為此筆者不但跑去讀了日本室町至戰國時代的銅錢短缺和石高制度，還順便研究了雅浦島的石幣。

　　而要討論加密資產作為投資商品的脈絡，則必須介紹證券交易的下單方式和金融泡沫的歷史；介紹NFT則必須介紹「米切手」（註）的例子；此外還有資訊安全或網路犯罪的議題、物流可追溯性、SDGs、元宇宙、智慧財產權等議題，要閱讀的資料比原先的預想多出3倍。雖然很辛苦，但也充滿樂趣。

　　不僅如此，直到現在筆者也還沒完全搞懂2021年NFT泡沫（？）究竟是什麼樣的社會現象。儘管NFT並非全都是泡沫，可無疑包含了一部分的泡沫，而這泡沫究竟為何會發生？砸入重金吹這個泡泡的當事者當時究竟在想些什麼？筆者非常想要瞭解這些問題。不過，或許這單純只是幣圈極客們的散財宴（美洲原住民社會中禮儀性的贈禮競賽）。

（註）日本江戶時代由官營的糧商向買糧者發行的白米所有權證明書，持有人可在期限內拿米切手向糧商領出白米，也可以將米切手賣給別人來轉讓所有權。

Part

2

不只是因一時熱潮而受大眾關注的理由

從7大角度
解讀
加密資產

沒有物質價值
也可以是「資產」

● 稀缺物的所有權得到公認就成為資產

既不是法定貨幣，又不像金銀和土地建物一樣擁有物理實體的東西，真的適合稱為「資產」嗎？

其實只要稍微回顧歷史，便會知道「即使不具物質價值，只要是具有稀缺性的存在，且所有權得到公認的話，就能成為資產」。這裡的「所有」重要的不是物理上可以拿在手裡（占有），而是得到社會「公認」。比如說，不動產只要完成「登記」，所有權即可被公認，跟是否占有無關。

以前在太平洋的雅浦島上，當地人會使用一種用石頭製造的巨大甜甜圈形「石幣」當成儀禮用的錢幣。這種石幣數量很少，實際上也不會到處搬運，只是用來證明「那個東西歸○○所有」，只要在社群內得到認可，所有權即可轉移。

另一方面，在古代的亞洲和非洲，則會用當地沒有生產的貝殼來當貨幣。然而在交通發達的現代，貝殼失去了稀缺性，因此不再有人使用貝殼當貨幣。在17世紀的荷蘭，當時鬱金香是一種稀有的物品，因此鬱金香的球根在期貨市場一度喊到一顆約等於現代1億日圓的高價。然而這個泡沫沒有維持很久，不到1年就破裂了。

從資產的這段歷史可以看出，即便是沒有實用價值的東西，只要具備稀缺性，且價值被社群承認，就可以成為資產。而加密資產具有運用科技人為創造的「稀缺性」和「公認性」，理論上可以被視為「資產」。

● 稀缺且有用的東西只要所有權得到公認即可成為資產

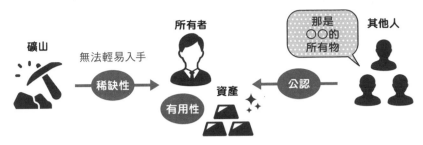

★ 有用性不是必要條件

● 有用性不是必要條件

素材	分割讓渡	地區、時期
貴金屬	容易	世界各地
石幣	不可	20世紀初前的雅浦島
貝幣	容易	亞洲、非洲、大洋洲
鬱金香	容易	17世紀的荷蘭
不動產	困難	世界各地

★ 可分割讓渡的資產也能當成「錢」用於日常支付

總結	☐ 具稀缺性且可確定所有權的東西即可成為資產
	☐ 無法用於日常支付的東西也能成為資產
	☐ 即使不具實用價值，只要得到社群承認即可成為資產

加密資產就可以
不依賴銀行從事金融交易？

● 用加密技術實現絕對正確的帳簿管理機制

為什麼加密資產可以不透過銀行實現金融交易呢？

讓我們用一種最簡單的情況為例，比如A透過金融機構對C轉帳5000塊錢。假設A在X銀行的帳戶中有95000塊，而C在Y銀行有41000塊。

然後A到X銀行告訴行員「我要匯5000塊錢到Y銀行的C帳戶」，匯款完成後，A的戶頭存款會減少5000元，而C的存款則增加5000元。實際上X銀行並不會真的把錢送到Y銀行去，只是同時**改寫了**X和Y兩家銀行在中央銀行（日本的話就是日本銀行）的**帳戶餘額**。只要看看轉帳前後中央銀行的帳簿，就會發現X的餘額減少了5000元，而Y的餘額增加了5000元。

這種作法可以在完全不移動的現金的情況下完成轉帳，但由於要建立和維持一個保證這套程序絕對不出錯的機制，勞力成本和金錢成本都非常高，所以只有極少數的組織有能力提供服務。因此一般個人和公司要匯款到其他地方時，傳統上100%必須透過銀行。

另一方面，由於加密資產是一個「全世界任何人都能存取的帳本」，所以A只需要自己把交易紀錄寫進帳本即可完成轉帳（＝記帳），不需要利用金融機構。為了防止被篡改，這個帳本運用了加密技術，因此才被稱為**加密資產**。換言之，加密資產就是用科技把傳統金融機構花費巨大開銷和人力建立的「絕對正確的帳簿管理機制」變成人人都能使用的形式。

● 通過金融機構轉帳的概念

A 對 C 轉帳 5000 元

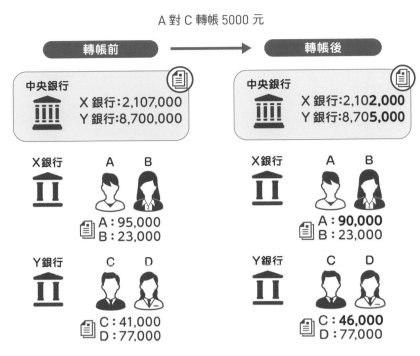

轉帳前　　　　　　　→　　　　　　　轉帳後

中央銀行
X 銀行：2,107,000
Y 銀行：8,700,000

中央銀行
X 銀行：2,102,000
Y 銀行：8,705,000

X銀行　A　B
A：95,000
B：23,000

X銀行　A　B
A：**90,000**
B：23,000

Y銀行　C　D
C：41,000
D：77,000

Y銀行　C　D
C：**46,000**
D：77,000

不會動用現金，只把變更寫進帳簿

● 使用加密資產轉帳的概念

A　寫入
轉帳資料　　○對○轉帳＃＃＃＃元
○對○轉帳＃＃＃＃元
A對C轉帳5,000元　　確認
轉帳資料　　C

世上任何一個人都能存取的帳簿
（用加密技術防止篡改）

總結	☐ 一般的金融交易是把帳記入銀行管理的帳簿
	☐ 加密資產交易是由轉帳者個人直接把帳寫進加密資產的「帳簿」
	☐ 加密資產運用加密技術來防止篡改

實現加密資產的底層技術──區塊鏈

● 把資料分成幾個區塊來防止篡改

　　區塊鏈是一種讓個人也能用「絕對正確地管理帳簿」的技術。簡單來說，區塊鏈的原理就是「把大量資料**分成小區塊後串起來**」。比如比特幣會把1天產生的十萬筆交易紀錄以幾百筆為一組打包成「區塊」，再以區塊為單位記錄下來。同時區塊中還會寫入用於驗證區塊資料是否正確的「**驗證碼（哈希值）**」。

　　所謂的哈希值，是一種只要區塊內的資料文本發生一點點微小改變就會大幅變化的小資料。比如若原始文本是「28,241元」，然後用這個文本算出的哈希值是82，此時不論是只改1元變成「28,240元」，或是多改1萬元變成「38,241元」，哈希值都會發生變化。而實際區塊鏈的哈希值是256位元、16進位的64位數，所以一旦資料被改過，就幾乎不可能巧合產生相同的哈希值。

　　具體來說，區塊鏈上的第101個區塊中會寫入用上一個區塊，即100號區塊產生的驗證碼。假如區塊100中的交易資料遭人篡改，哈希值就會變得跟區塊101內的驗證碼不一樣，馬上被抓到。像這樣把區塊一個一個接下去，要篡改以前的區塊時，就必須把後面的區塊也全部改過，做起來非常困難，實際上不可能辦到。

　　因為這種區塊相連的狀態讓人聯想到鎖鏈，所以才叫區塊鏈。

● 把大量資料打包成塊連起來的區塊鏈

★ 記錄了大量交易資料的「帳本」

★ 以一定數量為單位分割帳本，打包成「區塊」

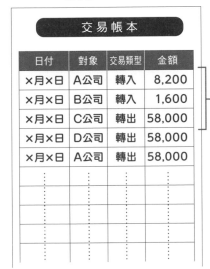

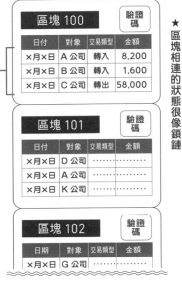

★ 區塊相連的狀態很像鎖鏈

★ 區塊中寫有驗證碼（哈希值）
★ 驗證碼可以證明區塊的正確性

● 藉由寫入驗證碼防止篡改

原文	28,241元	28,240元	38,241元
	↓	↓	↓
驗證碼（哈希值）	82	35	19

原文一旦改變驗證碼（哈希值）也會改變，所以很難篡改過去的資料和區塊

總結	☐ 區塊鏈就是把一定數量的資料打包相連
	☐ 區塊內含有驗證碼以防篡改

43

區塊鏈的本質是「建立在分散式帳本上的低成本公共資料庫」

▶ 中小企業或個人也能記錄、共享交易履歷

產生紀錄交易的「帳本」可大致分成「中心化管理記帳法（以下簡稱中心化帳本）」和「**分散式記帳法**（以下簡稱分散式帳本）」兩種方式。中心化帳本一如其名，就是把交易紀錄集中記在同一個地方，使用者須先取得管理者認證才能把帳務寫進帳本。而分散式帳本則是把交易紀錄分散到多個地方，使用者只需寫在其中一個帳本上，內容就會自己複製到分散在其他地方的帳本內，最後所有帳本的內容都會是一樣的。而使用者身分的認證不需要中心化管理者。

另一個重要的差異是成本。由於中心化帳本絕對不能遺失資料，因此儲存帳本的伺服器必須有多個備份機制。這種機制非常昂貴，其成本全由中心化管理者承擔，所以只有大型組織才有能力運用。然而分散式帳本中的每個伺服器都可以是便宜的伺服器，而且大多都不需要全天運行的備份機制，可以由多個小型組織分擔經營。

這意味著即便是以中小型零售企業為主的行業，也有能力打造**覆蓋整個行業的資訊共享基礎設施**。比如中古車每次轉手時，車主和銷售公司都不一樣，期間經歷過哪些事故、修理、改裝，直到現在仍沒有建立統一的履歷管理體系。但若使用區塊鏈，即便是中古車業界也能記錄、共享一台車的生命履歷，使二手車交易更健全，還有可能防制犯罪。

● 中心化管理記帳法跟分散式記帳法的差別

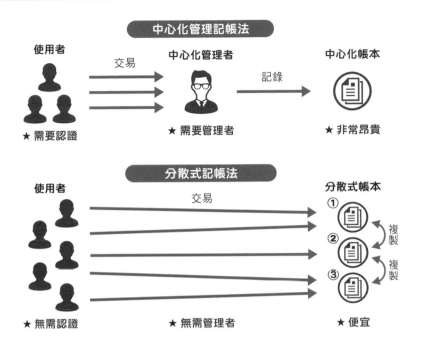

中心化管理記帳法

使用者　　　交易　　　中心化管理者　　記錄　　中心化帳本

★ 需要認證　　　　★ 需要管理者　　　　★ 非常昂貴

分散式記帳法

使用者　　　交易　　　分散式帳本
① ② ③ 複製 複製

★ 無需認證　　　★ 無需管理者　　　★ 便宜

● 即使沒有管理者也能記錄並分享履歷

1 台新車在賣出後，變成中古車流入市場的情形

使用者　購買　事故　修理　購買　改裝　購買

即使沒有中心化管理者也能記錄、共享生命履歷，可
使二手車交易更健全或防制犯罪

事例：Shelf AP、Datachain、VerifyCAR 等等

總結	☐ 不需要管理者，可讓眾多參與者以低成本共享資訊 ☐ 中小型零售業或個人也能參與紀錄和分享履歷

為什麼說加密資產和區塊鏈將改變社會？

● 促進原本被不透明性阻礙的經濟活動

大約20幾年前，很多人都在說「網路將會改變世界」，實際上也的確如此。如今我們已經無法回到沒有網購和搜尋引擎的世界。

然而網路也有沒能改變的部分，而區塊鏈則有可能改變這部分。

網際網路使資訊可以繞過傳統媒體，以End-to-End的方式傳播，讓Amazon和Google等直接接觸使用者的公司大幅成長。然而在這個階段，資訊仍是由單一的End進行**中心化管理**。比如消費者在Amazon的下單履歷是由Amazon記錄，其他公司和客人看不到那份資料。當然，從隱私的層面來看這並不是一件壞事。

另一方面，區塊鏈上使用者間的「交易行為（transaction）」可跟參與交易的關係人分開來記錄。一部分的支持者認為這麼做可以**提升**各種公共和民間活動的**透明性**，促進過往被不透明性阻礙的經濟活動。比如區塊鏈可以消除二手車買家「因為不知道這輛車以前發生過哪些事故和維修而不敢購買」的擔憂，活化中古車市場，尤其愈是童叟無欺的賣家就愈能得到好處。由於高透明性的特徵跟產品可追溯性、二手商品流通、著作權保護、不動產登記等較不適合中心化帳本系統的領域有著很好的適性，因此許多人都相信「區塊鏈將改變社會」。

▶ 網際網路實現了End-to-End的資訊傳遞

個人 ←──── 不透過媒體直接
傳遞資訊 ────→ **公司**

| 商品 A ⋯⋯ |
| 商品 B ⋯⋯ |

★ 資訊本身由 End
的主體(Actor)管
理

▶ 區塊鏈記錄交易資訊的機制

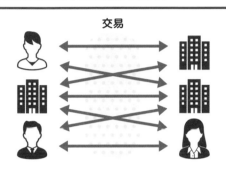

交易

► 區塊鏈會記錄交易行為
► 可追蹤多個 Actor 的交易
► 可不依賴特定管理者

Web3 的本質!

▶ 區塊鏈可能的應用場域

金融
◎ 換匯、轉帳
◎ 分散式金融
◎ 減少無帳戶者 (unbanked)

商品管理
◎ 產品可追溯性
◎ 防止偽造
◎ 二手商品流通

數位內容
◎ 著作權保護
◎ 二次流通
◎ NFT

公共
◎ 不動產登記
◎ 文書管理
◎ 區域貨幣

共享經濟
◎ 計程車
◎ 租車
◎ 空房出租

總結	☐ 不分公共、民間,提升各種活動的透明性
	☐ 促進原本被不透明性阻礙的經濟活動
	☐ 公平行為和創造力會得到獎勵

加密資產的擴張帶來
哪些新問題？

▶ 能源消耗、對貨幣政策的影響、犯罪對策是主要課題

　　加密資產技術的先天性質帶來的新問題主要有三。第一，是用於進行加密計算會**消耗大量的電力**。根據劍橋大學的計算，加密資產中規模最大的比特幣一年消耗的電力相當於馬來西亞全國的能源用量，平攤下來一筆交易（轉帳1次）的用電量相當於日本平均一口之家半年的用電。一筆轉帳就消耗如此龐大的電力是不可能被社會接受的，必須尋找改善之道。

　　第二，加密資產可能成為**貨幣政策的混亂因子**。一個國家的整體貨幣數量跟經濟活動某種程度上成正比關係，所以控制貨幣供給量也是多數國家經濟政策的一環。然而沒有中心化管理者的加密資產無法控制數量，若市場的流通數量變多，可能會為貨幣政策帶來混亂。

　　第三，由於加密資產可以匿名交易，所以非常**容易用於犯罪**。譬如傳統的詐騙集團會盜用他人的銀行帳戶來收取騙款，犯罪組織通常都需要一個「不會暴露自己姓名的收款手段」。而在近年的資安犯罪中，很多集團都指定受害者把被詐騙的款項匯入加密資產帳戶，在現實中遭到濫用。只要「可匿名交易」這點不變，就無法從根本上解決這個問題，所以有些國家乾脆明定加密資產交易是違法行為，至少目前的主流方向是規定「交易所」必須符合AML／CFT（洗錢防制／打擊資助恐怖主義）的規定。

● 加密資產技術的先天性質所帶來的新問題

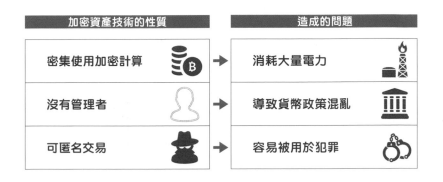

加密資產技術的性質		造成的問題	
密集使用加密計算	→	消耗大量電力	
沒有管理者	→	導致貨幣政策混亂	
可匿名交易	→	容易被用於犯罪	

● 由於國家的貨幣政策無法控制加密資產的流通量，故可能引發混亂

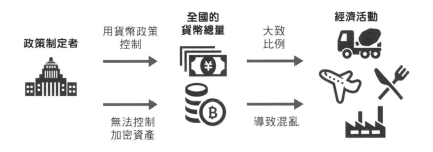

● 可完全匿名交易的金融服務易被用於犯罪行為

只要轉手多間公司或個人，就難以追溯犯罪資金的源頭（洗錢）

總結	☐ 加密資產的計算量爆炸／電力消耗大的問題或可用新技術解決
	☐ 貨幣政策的混亂源自沒有管理者的根本性質，難以解決
	☐ 被用於犯罪的問題也源於可匿名交易的本質，難以解決

各國政府正對加密資產採取哪些監管措施？

▶ 世界各國都在研擬監管措施，其中也有全面禁止的國家

加密資產無疑是在「**厭惡**政府的**管理控制**，崇尚自由和獨立」的文化中孕育的，不過若實際被廣泛運用，必然會對社會造成很大的影響，所以政府也不得不對加密資產進行某種程度的規範。儘管不同國家的監管強度不一，但比起第一次比特幣熱潮的放任狀態，世界各國都開始研擬各式各樣的規範。

其中監管最快速極端的當屬中國。該國在2021年5月和9月分兩階段制定了監管措施，不僅是加密資產的交易，就連使用提供相關資訊的服務或使用外國交易所也都全面禁止，違反者會被追究刑事責任。一般認為這些措施除了出於對**匿名性的警戒感外**，也因為當時中國正面臨國內電力短缺，試圖減少挖礦所消耗的電力。

且不論這項政策的好壞，但它的影響無疑十分劇烈，使比特幣的交易價格從1BTC約640萬日圓一口氣腰斬到了350萬日圓。

而歐盟和美國出台的監管措施中提到的「穩定幣」，指的是宣稱背後有實際資產支撐或擔保，藉以抑制價格波動的加密資產。然而很多穩定幣都被質疑實際上根本沒有對外宣稱的資產擔保，若在這個狀態下增加股份將可能損害金融系統穩定性，因此政府也逐漸增強監管。

包含日本在內，世界各國都有強化加密資產監管的傾向，而這些監管措施有可能會跟中國強化管制時一樣對幣圈造成巨大影響，因此未來也必須仔細留意其動向。

● 主要國家、地區的監管情形

國家、地區	監管內容
中國	2021年5月起，禁止金融機構經營加密資產相關業務，同時全面禁止挖礦，包含利用其他業者的挖礦行為
俄國	2022年1月，俄羅斯央行要求禁止國內所有加密資產交易
歐盟	正在研擬監管法案。預計加密資產相關行業將被視為金融業，遵循相同的規範。包含禁止匿名錢包、對穩定幣套用嚴格的限制，NFT則不在範圍內。
美國	在2021年末的時間點已有個別案例被判定適用既有的金融監管法律。拜登政府上任後，正研擬對穩定幣採取跟銀行相同的監管措施。
日本	虛擬貨幣兌換行業被定義為金融業的一種，法律要求交易所需進行實名認證和分別保管資產以保護投資人。

● 與監管有關的官方發言等重要動態

IMF
（國際貨幣基金組織）

大部分國家對虛擬貨幣缺乏法律規範，有需要建立國際標準（2021/10 的報告）

有些穩定幣背後的擔保資產是價格容易崩跌或流動性低的資產（2021/10 的金融穩定性報告）

FRB
（美國聯邦準備系統）

ECB
（歐洲中央銀行）

ECB 應對有一種以上法幣做擔保的穩定幣具有監督權和否決權（2021/2/23）

加密資產正快速擴張，可能為國際金融體系帶來系統性風險（2021/10/13）

英格蘭銀行

總結	☐ 針對加密資產兌換業者出台保護個人投資者的制度性框架（日本） ☐ 中國全面禁止包含挖礦在內的加密資產相關交易 ☐ 政府貨幣機關正警惕穩定幣擴張帶來的系統性風險

科技能拯救人類嗎？

　　我第一次接觸網路是在1992年前後，也就是當時日本的電腦通訊服務NIFTY-Serve剛推出用網路發送電子郵件的功能那年。這項功能一推出，我就馬上把它用到工作中，忍不住感慨這項功能真的很方便。

　　回想起來，網路的確改變了這個社會，也大大改變了我的人生。不僅工作中常常要用到網路，也通過網路認識愈來愈多人，並接到許多新工作，得以餬口苟延殘喘到今天。

　　如果真要說有什麼遺憾的地方，那就是網路時代沒有再早個20年到來。若網路時代來得再早點，那麼我在什麼都沒有的鄉下度過的童年時代，就能夠跟村子外的世界連結，活得更有樂趣了。

　　科技可以拯救人類。

　　說得更準確一點，是科技的存在有時可以拯救某些人。

　　提到加密資產相關的技術，當前最受注目的就是透過區塊鏈「建立中心化資料庫無法覆蓋，記錄繁雜關係網中人們的交易行為」，筆者由衷期盼這項應用能為長久以來處在黑暗中的部分也沐浴到陽光，並讓正當做事的人可以確實得到應有報酬，並（順便）使靠不正當行為牟取不當利益的行為無利可圖。

　　不過，光是祈願無法改變世界，所以筆者才會執筆本書，希望能藉此盡一份心力。

Part

3

探究金錢的原理

加密資產能成為
「貨幣」嗎？

「貨幣」
之所以是貨幣的原因

▶ 大家都覺得「想要！」的東西就能成為貨幣

　　會對加密資產（虛擬貨幣）產生「這種東西可以當貨幣？」的疑問是很正常的。畢竟加密資產跟看得到摸得到的鈔票不同，**只是一串電腦上的字符**，要稱為「貨幣」未免太不可靠。

　　然而，如果仔細思考，就會覺得「法定貨幣」能當成「貨幣」也是一件很不可思議的事。畢竟千元鈔票終究也只是用印鈔機印出來的紙片，生產成本還不到10塊錢，為什麼可以當成一千塊來用呢？

　　這問題的答案簡單來說，純粹是「因為大家都覺得『想要！』」而已，不多也不少。人們「想要」一個東西的原因有很多，比如「因為是付出勞力從外部獲得的」、「因為可以實際拿來用」、「因為是對社群有貢獻的證明」、「因為是神明賜予的東西」等等。一般來說，在某個社群中被廣泛認為「想要！」的東西，在社群外部的人們看來常常會無法理解到底裡面的人們會想要它。白米或布料這種有實際用途的東西還算好理解，但像貝幣（貝殼做的錢幣）或石幣（石頭做的錢幣）這種沒有實用性的物品，就特別容易讓人感到疑惑。

　　若按相同的邏輯來理解加密資產，那麼比特幣就算是「付出挖礦這項勞動後獲得的東西」，或是理解成「對比特幣流通社群做出貢獻的證據」。雖然對**不屬於該社群的人難以理解**，但話說回來金錢這種東西本身不也是如此嗎？

● 大家都覺得「想要！」的東西就能當成貨幣使用

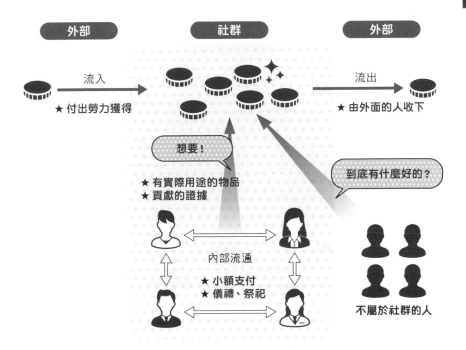

現代的貨幣只有法幣一種。但在歷史上

外部交易用
小額支付用
儀禮、祭祀用

等等，通常不同用途會使用
不同貨幣。

總結	☐ 社群內的所有人都覺得「想要！」的東西就能成為貨幣
	☐ 對社群外的人而言大多難以理解
	☐ 歷史上通常不同用途會有不同貨幣

貨幣需要擔保資產來保證價值嗎？

● 擔保資產跟貨幣的通用性沒有太大關係

加密資產擁有「擔保資產」的意義是什麼呢？

在遠古以前，米、織物、鹽、家畜等「有用的商品」，以及用金銀銅等貴金屬鑄造的錢幣都被當成貨幣來使用，由於這類物品本身就具有價值，所以不需要擔保資產。

隨著時代演進，商品貨幣被廢除，金屬貨幣成為主流；但經濟大幅成長，不代表金銀的產出也能跟著同步成長。因此便出現了「紙幣」來代替金屬貨幣。然而紙幣在誕生之初的確存在信用不足的問題，所以國家會儲存一定程度的黃金以確保紙幣「可以換得等值的金幣」。這種紙幣叫做可兌換紙幣。政府平時會儲備一定數量的黃金，以使民眾要求兌換時可以兌現，這種黃金具有擔保紙幣價值的功用，故稱為擔保資產。透過這種機制，政府可以發行比儲備的黃金數量更多的紙幣。

然而，當經濟更進一步成長，「用於兌換的黃金儲備負擔」也跟著變大，所以後來政府乾脆放棄提供兌換保證，因此現代的紙幣基本上都是「不保證可兌換的不兌現貨幣」，沒有實際商品來擔保價值，唯一的價值來源只有**國家的信用**。

換言之現代的「金錢」基本上屬於「沒有擔保資產的名目貨幣」，跟加密資產是一樣的。儘管也有部分貨幣號稱「有擔保」，但實際上也有很多不透明的貨幣，因此可以認為有無擔保資產**跟貨幣能不能成為貨幣並沒有關係**。

● 從有無擔保資產來分類「貨幣」

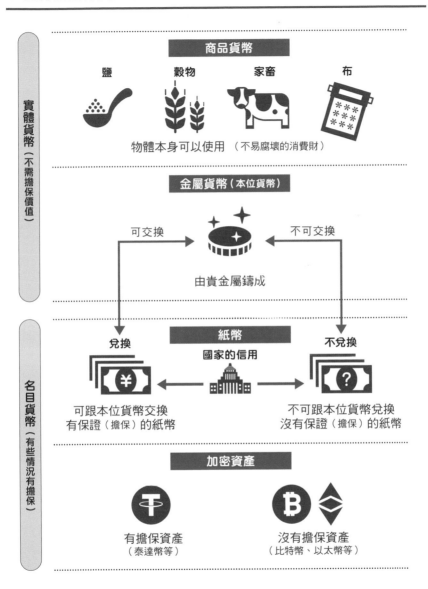

實體貨幣（不需擔保價值）

商品貨幣

鹽　　　　穀物　　　　家畜　　　　布

物體本身可以使用　（不易腐壞的消費財）

金屬貨幣（本位貨幣）

可交換　　　　　　　　　　　　　　　不可交換

由貴金屬鑄成

名目貨幣（有些情況有擔保）

紙幣

兌換　　　　　國家的信用　　　　　不兌換

可跟本位貨幣交換
有保證（擔保）的紙幣

不可跟本位貨幣兌換
沒有保證（擔保）的紙幣

加密資產

有擔保資產
（泰達幣等）

沒有擔保資產
（比特幣、以太幣等）

總結	☐ 最早的「金錢」是本身就有價值之物
	☐ 早期的紙幣需要有等量的擔保資產
	☐ 現代的加密資產也有一部分有擔保資產儲備

現代法幣某種程度上
都是虛擬貨幣

▶ 現代的銀行存款也具有虛擬貨幣的4大特徵

通常提到「虛擬貨幣」，大家最常聯想到比特幣或以太幣等等，這類商品我們姑且稱為「狹義的虛擬貨幣」。而狹義的虛擬貨幣具有4項重要的特徵。

第一，沒有內在價值。換言之虛擬貨幣「不像金銀等實體貨幣，具有金屬本身的價值」。

第二，屬於電子訊號。紙幣或硬幣不是電子訊號，但虛擬貨幣是電子訊號。

第三，有交易紀錄。紙幣在交換時不會自己留下紀錄，但虛擬貨幣的帳本上紀錄的資訊就是交易紀錄本身。

第四，在雙方的合意下成立。即使沒有內在價值，只要關係人達成合意，即可具有「貨幣」的功能。

以上是狹義的**虛擬貨幣4大特徵**。另外，由於有些狹義的虛擬貨幣是「不使用區塊鏈技術」或「存在中心化管理者」，所以這兩項並非虛擬貨幣的特徵。

另一方面，現代的銀行存款也包含全部4項特徵。實際上「虛擬貨幣」的英文virtual一詞原本帶有「實質上的、事實上的」的意思。中文的「虛擬」聽起來有種虛無縹緲的感覺，然而原文的virtual卻是「確實存在的、可靠的」的意象。

從結果來看，只要具有上述4項特徵就能「實質上當成貨幣使用」，在這層意義上，日幣和美金等法定貨幣的銀行存款也可以說是**「廣義的虛擬貨幣」**。

▶ 「虛擬貨幣」具備的4項特徵

沒有內在價值

實體貨幣有內在價值，而虛擬貨幣沒有

是電子訊號

1010100011100101
0101010110101100
1010010101010101
0111010100001100

紙幣不是電子訊號，而虛擬貨幣是

有交易紀錄

紙幣不會自己留下交易記錄，但銀行轉帳會

因合意而成立

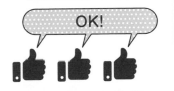

OK!

只要雙方同意「這個是貨幣」就能當成貨幣用

▶ 說起來「虛擬」到底是什麼意思？

【虛擬貨幣】

原文是 Virtual Currency

└── 原本的意義是
「實質上的、事實上的」

總結	☐ virtual原本有「實質上的」的含義
	☐ 現代銀行存款也是virtual currency的一種
	☐ 有無區塊鏈或中心化管理者存在沒有本質上的差別

貨幣有「價值標準」、「交換媒介」、「儲存價值」的功能

▶ 有些貨幣只具備貨幣3大功能的一部分

在經濟學上，貨幣具有「價值標準」、「交換媒介」、「儲存價值」的基本功能。

「價值標準」指的是貨幣可以量化不同事物的價值來加以計算和比較。比如「昂貴的跑車」、「貴重的名畫」無法直接哪個更有價值，但如果說「兩個價值都是100萬」，相信大家都會認為「兩者具有相同價值」。將價值量化，使之產生一個可比較的「標準」，就是「價值標準」的功能。

「交換媒介」指的是貨幣可以在我們想要交換物品時，扮演中介角色的功能。比如若B想要一幅畫，可以把車子賣給A換成錢，再用這筆錢向C買畫。以物易物需要雙方都剛好擁有對方想要的東西才能成交，但用金錢當媒介的話，就能大幅擴展交換的範圍。這就是「交換媒介」的功能。

第三的「儲存價值」則是「為將來存錢」的意思，因為貨幣**不會腐爛、不會損耗**，故可存放幾天、幾年、幾十年，在有需要的時候拿出來用。

這三項被稱為貨幣的基本功能，但有些情況下即使只具有其中一部分的功能也能當成貨幣使用。比如二戰剛結束時的德國就曾把香菸當成貨幣來用。當然香菸並不具備「長期儲存價值」的功用，但對於日常生活的小額交易，民眾需要一種「**容易搬運、分割、計算**」的代用貨幣，而香菸恰好符合這個條件。

● 幣的基本功能：價值標準、交換媒介、儲存價值

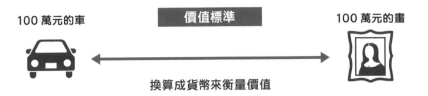

100 萬元的車　　　　　　價值標準　　　　　100 萬元的畫

換算成貨幣來衡量價值

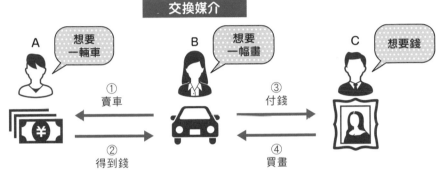

交換媒介

A　想要一輛車　　　B　想要一幅畫　　　C　想要錢

① 賣車　　　　　③ 付錢
② 得到錢　　　　④ 買畫

以貨幣為媒介來交換想要的東西

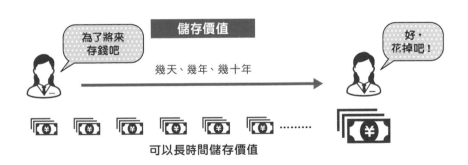

儲存價值

為了將來存錢吧　　　幾天、幾年、幾十年　　　好，花掉吧！

可以長時間儲存價值

總結	☐ 「標準」、「交換」、「儲存」是貨幣的基本功能
	☐ 在特定的時空環境和用途下，貨幣有時可以只發揮交換媒介的功能
	☐ 只要滿足功能就不一定需要信任發行者

數位貨幣、電子現金跟加密資產有何不同

▶ 加密資產不適合像現金那樣用於生活支付

加密資產、電子現金、數位貨幣（中央銀行發行的CBDC）有著哪些共通點和不同點呢？

「信用源」是指一個物品使人們信賴的原因。法定貨幣的CBDC和電子現金的信用源是國家主權，但一般的加密資產並沒有國家主權的保障。CBDC是由中央銀行發行的，通常透過金融機構流通到使用者手上。另一方面，電子現金的發行者是電子支付公司，沒有中介者。至於加密資產則大多透過交易所中介。

直接買賣加密資產不需要認證使用者的身分，但透過交易所買賣需要。依照發行型態，有些電子現金和數位貨幣即使沒有身分認證也能使用。有無身分認證會影響匿名性，而加密資產在直接交易時具有匿名性。

而在日常購物方面，每種數位貨幣**可使用的商店數量差異很大**，CBDC基本上在發行國全國（日本尚未實現）皆可使用，電子現金則只限發行公司的加盟商店，而加密資產則更稀少，只有極少數商店接受加密資產支付。而個人間的轉帳方面，基本上加密資產和CBDC都可以辦到，至於電子現金大多不支援，但也有部分公司提供此服務。

粗略來說，**CBDC的目標是用比電子現金更接近現金**的方式來流通，相對地加密資產目前只能極有限的場合下使用。未來也很難想像加密資產會被廣泛用於日常生活的支付用途。

● 數位貨幣以接近現金的方式流通

		數位貨幣	電子現金	加密資產
	信用源	法定貨幣 （國家主權）	法定貨幣 （國家主權）	無
	發行者	中央銀行等	電子 支付公司等	無／ 民間組織
	中介者	無／ 金融機構等	無	無／ 交易所等
	使用者 （身分認證）	視發行型態 而定	視發行型態 而定	直接交易時不 用，經由交易 所時需要
	可使用的 商店	發行國全國	僅加盟店	只有少數商店
	個人間 轉帳	可能	只在相同平台 上可能	可能
	匿名性	視發行型態 而定	視發行型態 而定	直接交易時有， 經由交易所時 無

總結	☐ 各國都在研究由中央銀行發行的數位貨幣 ☐ 數位貨幣可用比電子現金更接近現金的型態廣泛流通 ☐ 具體機制因發行型態而異

數位貨幣
分為token型和帳戶型

▶ 帳戶型類似銀行存款，token型類似現金

數位貨幣有**token型和帳戶型**。帳戶型的機制跟現存的銀行帳戶非常類似，透過編輯由發行者管理的使用者個人帳戶餘額來轉帳。右圖是A轉帳1000元給B的流程圖，「錢包」是一種用於參照帳戶的軟體。由於檢查餘額和轉帳都必須跟發行單位連線，所以在因天災影響等發生大範圍通訊障礙時就無法使用

相對的，token型是用一種叫「token」的資料來代替現實的紙幣（硬幣），把資料儲存在每個使用者自己的錢包內。在轉帳時只要當事人之間可以互相連線即可，不需要跟發行單位連線，所以在災難發生時仍有可能進行在地支付。

換言之，就是把跟紙鈔一樣本身具有價值的「token」從一個錢包轉移到另一個錢包。因此，一旦錢包遺失或損壞，token也跟現金一樣將再也找不回來。這點跟即使錢包遺失帳戶餘額也不會改變的帳戶型數位貨幣有很大差別。

話雖如此，具體機制仍要看該數位貨幣是如何設計，實際上也可以由發行單位建立一個與token及其使用者綁定的帳戶，讓該帳戶跟錢包定期連線更新綁定資料，建立可在錢包損壞或遺失時救回資料的救援機制。然而在原理上，就像不記名的悠遊卡一旦弄丟便無法拿回裡面儲值的錢，必須先做好「**token（或記錄token的錢包）就等於現金**」的認知。

▶ 帳戶型的轉帳是由發行單位管理的帳戶餘額代轉

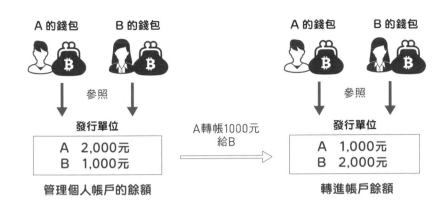

▶ token型的轉帳就是在錢包間移動token

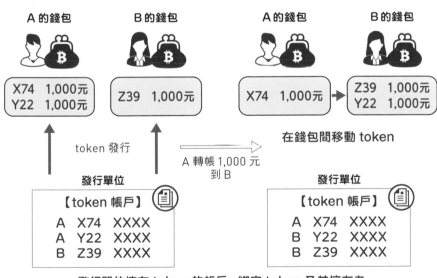

總結	☐ 數位貨幣分為token和帳戶型
	☐ token型是把「token」當成現金一樣移動
	☐ 不論哪種方法都有可能透過設計使之具有離線支付和匿名性

加密技術實作數位貨幣的應用原理

● 因使用加密技術防止篡改，所以稱為「加密資產」

「錢」永遠伴隨偽造的風險。如果用在原理上可以輕鬆做出完全相同複製品的數位資料當「貨幣」，那要怎麼防止偽造等犯罪呢？

右圖是數位貨幣的交易履歷原理。為了防止作弊，這份履歷必須全部以完整的形式記錄、保護起來。

這裡可能發生的問題，包含明明轉帳了對方卻不承認的「否認」，假冒他人轉帳的「假冒」，或是實際明明轉了5,000元紀錄卻是轉帳1000元的「篡改」，因系統障礙、災難、網路攻擊等導致交易紀錄整體被破壞的「資料遺失」等。

為了防止諸如此類的問題，開發者結合了許多種科技。比如為了防止「否認」，可以在轉帳時附加只有轉出者（此時為A）才能產生的特殊資料（這叫**數位簽章**）。因此，比如當A否認「我沒有發出轉帳」時，就可以拿出證明「交易資料有A的數位簽章，所以這個轉帳申請無疑是A提出的」。

「**多重分散儲存**」則是把相同資料的複製品保存在多個場所，只要沒有全部被破壞資料就不會消失，這部分跟加密技術無關。但除此以外的「數位簽章」、「認證」、「摘要處理」等全都是跟加密相關的技術。

● 以加密技術為核心實現「貨幣」所需的資訊處理

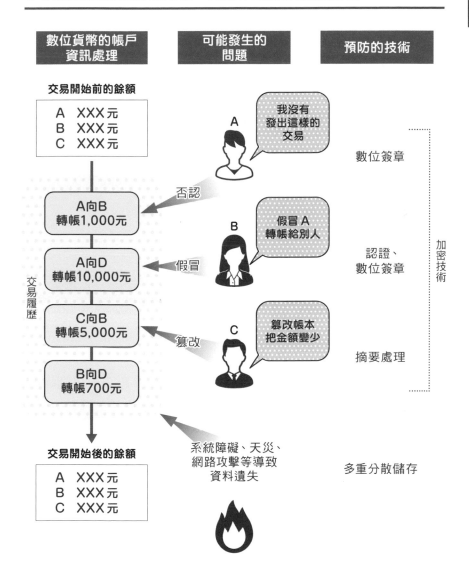

| 數位貨幣的帳戶資訊處理 | 可能發生的問題 | 預防的技術 |

交易開始前的餘額

A　XXX元
B　XXX元
C　XXX元

A向B
轉帳1,000元

A向D
轉帳10,000元

C向B
轉帳5,000元

B向D
轉帳700元

交易履歷

交易開始後的餘額

A　XXX元
B　XXX元
C　XXX元

A　我沒有發出這樣的交易　否認　數位簽章

B　假冒A轉帳給別人　假冒　認證、數位簽章

C　篡改帳本把金額變少　篡改　摘要處理

加密技術

系統障礙、天災、網路攻擊等導致資料遺失　多重分散儲存

總結	☐ 只要確實記錄交易履歷即可實現數位貨幣的功能
	☐ 使用加密技術是為了預防可能發生的問題
	☐ 如此可以用非中心化的方式實現貨幣的功能

加密資產的交易 不會反應在經濟統計上

▶ 不會記錄在經濟統計上的貨幣會攪亂經濟政策

在日本的江戶時代，人們曾使用白米來繳納年貢（稅）。其實在戰國時代之前，人們原本不是用白米，而是用錢來納稅的，但後來從中國輸入的銅錢中斷，而日本市面上既有的銅錢也逐漸因磨損或囤積而減少，不再流通，就算人民想用銅錢繳稅也沒有取得管道，不得已只好用白米來交稅。

這種「銅錢不再流通」的現象，在現代即是「**貨幣供給量減少**」的意思。所謂的貨幣供給量簡單來說就是現金的數量。現金的數量減少會導致經濟不景氣，所以貨幣供給量是經濟政策的重要因素，政府大多會把現金＝貨幣供給控制在適當的量。

政府通常是藉由調節已發行的現金餘額和對金融機構的監管來控制貨幣供給。換句話說，如果不經由金融機構就很難控制貨幣量。由於法定貨幣的交易過程必然會在某個環節經手金融機構，所以比較容易統計和控制，但加密資產卻沒有辦法。因此，假如有一天加密資產不再只是被當成「資產」囤積，而被大量用於「薪資結算」，就會有大量**不會記錄在經濟統計上也無法控制的資金**在市場上流通，對經濟政策造成阻礙。

隨著加密資產的規模逐漸擴大，各國政府的金融機關也漸漸無法無視這個問題，開始針對加密資產的交易檢討或實施監管。

● 貨幣供給量是經濟政策的重要控制對象

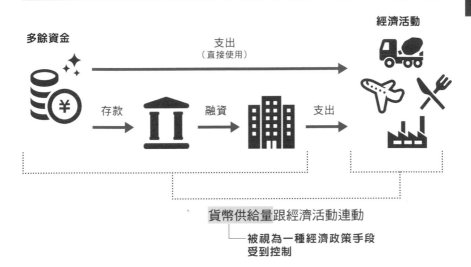

貨幣供給量跟經濟活動連動

└── 被視為一種經濟政策手段
受到控制

● 加密資產不會記錄在經濟統計中，無法控制

雖然扮演貨幣的角色，但不會表現
在經濟統計上，無法控制！

總結	☐ 普通的貨幣會在某個流通階段反映在經濟統計上，成為制定政策的因素
	☐ 加密資產交易可在檯面下祕密進行
	☐ 難以通過貨幣供給量來執行經濟政策

這片木屑是貨幣嗎？

　　金錢是一種很神奇的東西。

　　現代的紙鈔原本只是一張平平無奇的紙片，但印刷成本30日圓的鈔票卻能當成1萬日圓的價值來使用，仔細想想真是有點莫名其妙。

　　但更讓人不解的是，1931年時在美國華盛頓州的特奈諾，曾發生過民眾到銀行領錢時因當天銀行現金不足而領到「印有金額的木片」，並從那天起可以用那片木片代替美元紙鈔和硬幣使用的史實紀錄。當時正值全球經濟大恐慌，許多銀行都陷入「沒有現金給人領錢」的狀態，因為這將導致城鎮的經濟停滯，所以該銀行才會出此下策用木片代替現金吧。話雖如此，就算紙幣也只是一張紙片，終歸是由國家和中央銀行發行的，沒想到地方上的小型銀行發行的木片居然也能代替!!

　　然而實際上當時的人真的拿木片來代替紙鈔，可見人類社會的韌性超乎我們想像。用人事術語就叫復原力（resilience），意思是「即便陷入艱難的處境也能撐過去的柔軟彈性」。

　　最終，由於不這麼做的話職場和日常生活就無法運作，所以鎮上的居民大家也都接受並達成共識，讓木片也能當成金錢使用。這個真實故事印證了「金錢」的本質就是「社群的合意」。

　　雖然不太願意想像那會是什麼情況，但我這輩子也想體驗一次「去銀行領錢結果領到一張木片」的事件。不過真遇到這種事，大概也只能在居酒屋當成無聊的笑話來分享吧（笑）。

Part

4

市場買賣的機制

認識加密資產的
交易方法

交易加密資產時
所使用的私鑰、公鑰、地址

● 絕對不可以告訴他人的私鑰

　　如果你不只想買賣加密資產，也想認識加密資產背後的原理，那就必須認識**私鑰**、**公鑰**、地址等術語。

　　首先是私鑰和公鑰，這兩者是用來「驗證訊息是不是本人發出」。「訊息」可以理解成由A發送給B的「我把〇〇單位的加密資產轉給B」的文章。為了檢查這份訊息到底是不是真的由A所發，程式會先把A要發的訊息轉換成一種叫「數位簽章」的暗號。這個加密過程會用到A持有的「私鑰」。私鑰是一種像密碼一樣的短資料（雖然比平常我們用的密碼長得多），必須保密不被其他任何人知道。

　　接著A會再根據私鑰產生另一種叫「公鑰」的資料，分別用不同路線把「訊息＋數位簽章」和「公鑰」發送給B。然後B就可以用收到的公鑰來驗證「訊息＋數位簽章」，檢查這份訊息是不是真的來自A。用這樣的方法來傳送轉帳資料，就可以確保B能「放心處理A送來的轉帳要求」。

　　另一方面，**「地址」就像是銀行的帳戶**，加密資產的餘額會跟地址綁定。其原理是把用私鑰生成的公鑰再次轉換成地址，然後對該地址進行轉帳或出帳的指令。

● 用私鑰和公鑰來檢驗訊息的真實性

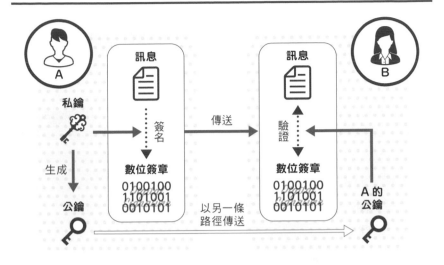

● 用公鑰生成的「地址」類似銀行帳戶

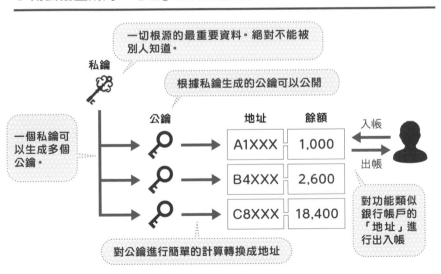

總結	☐ 使用私鑰和公鑰就能證明訊息的真偽
	☐ 私鑰必須保密，公鑰可以公開
	☐ 一個私鑰可以生成多個公鑰和地址進行出入帳

交易加密資產
需要錢包

◉ 實際執行加密資產轉帳手續的是錢包

「錢包」指的是管理交易所需資料的軟體，我們需要**使用錢包來完成轉帳和確認餘額**等操作。

錢包內存有私鑰、公鑰、和地址這三種資料。以順序來說，首先錢包會生成私鑰，再用私鑰生成公鑰（多個），接著再用公鑰生成地址，然後在交易時把轉帳指示寫入交易履歷。右圖中的錢包有A1、B4、C8三個地址。交易履歷的頭一行「A1對X7轉帳1,000元」，即是從自己的A1地址的餘額對X7這個地址轉出了1,000元的指令。相反地「Z9對C8轉帳5,000元」則是別人對自己送錢，所以處理完成後C8地址的餘額會增加5,000元。然後這個餘額之後又可用於「C8對T6轉帳700元」的指令。

轉帳者會先生成轉帳指令後再使用私鑰轉換成數位簽章資料，然後送出轉帳指令＋數位簽章＋公鑰三份資料。送出的資料會交由驗證者（以比特幣來說就是俗稱「礦工」的人們）來檢查「轉帳指令有無經過篡改」、「A1是不是正確的地址」、「A1是否擁有足夠的餘額」。檢查完成後就會**由驗證者把這筆資料寫入區塊鏈上**，完成轉帳流程。加密資產的轉帳流程大致如上，其中「由轉帳者執行的作業」便是由錢包軟體來實行。

● 錢包就是負責管理加密資產交易所需資料的軟體

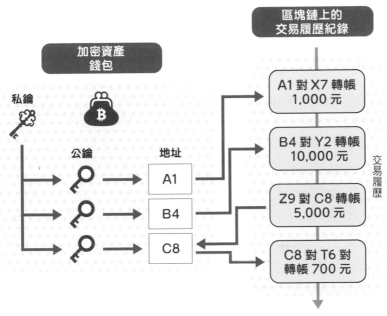

區塊鏈上的
交易履歷紀錄

加密資產
錢包

私鑰

公鑰　地址

A1

B4

C8

A1 對 X7 轉帳
1,000 元

B4 對 Y2 轉帳
10,000 元

Z9 對 C8 轉帳
5,000 元

C8 對 T6 對
轉帳 700 元

交易履歷

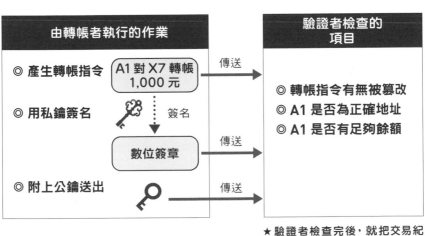

由轉帳者執行的作業	驗證者檢查的項目
◎ 產生轉帳指令　A1 對 X7 轉帳 1,000 元　傳送	◎ 轉帳指令有無被竄改
◎ 用私鑰簽名　簽名　數位簽章　傳送	◎ A1 是否為正確地址
◎ 附上公鑰送出　傳送	◎ A1 是否有足夠餘額

★ 驗證者檢查完後，就把交易紀錄寫到區塊鏈上

總結
□ 錢包是負責操作私鑰、公鑰、地址的軟體
□ 轉帳者會把轉帳指令及其數位簽章和公鑰一起送出
□ 驗證者負責檢查該資料是否真確

有哪些方法
可以製作錢包？

◉ 使用交易所就不需要自己管理錢包

　　想交易加密資產，主要有「自己準備錢包管理私鑰」或「在交易所開戶委託交易所管理私鑰」兩種方法。前者又分為使用專門製作的硬體錢包，或在電腦或手機上安裝錢包軟體兩種方法。相較於手機或電腦很難長時間保持離線，專用的硬體錢包**除交易當下外都不會連上網路**，安全性會更高。

　　而在交易所開戶的話，則是使用交易所內的錢包，然後透過Web遠端操作。這種途徑的錢包管理方式取決於交易所。使用者不需要準備自己的錢包，可以直接用法幣靈活地買入／賣出加密資產，十分方便。但開戶基本上都需要進行實名認證，這部分會花上一些時間。不過過去也曾發生過交易所遭受網路攻擊而被盜取資產的案例，不一定比自己管理錢包安全。

　　除此之外，使用交易所還有一個好處，那就是**可以跟同一交易所上的其他使用者交易**，也可以跟交易所交易。使用者之間或使用者跟交易所間的交易，實際上並不會在區塊鏈上轉移加密資產（把轉帳指令寫入區塊鏈），只需要在交易所內帳戶間轉移餘額，因此具有交易時間短、無需手續費或交易成本低等特點。

▶ 自己準備錢包管理私鑰

硬體錢包	軟體錢包

◎ 專為錢包製作的產品

◎ 除交易當下外永不連網

◎ 在電腦或手機上安裝錢包軟體來用

◎ 可以自己控制是否連網

▶ 在交易所開戶委託交易所管理私鑰

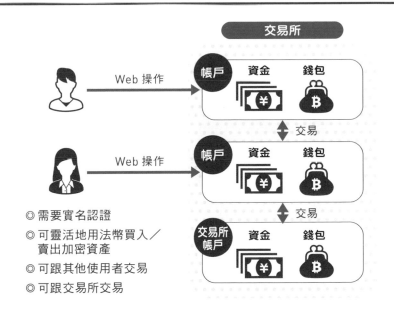

◎ 需要實名認證

◎ 可靈活地用法幣買入／賣出加密資產

◎ 可跟其他使用者交易

◎ 可跟交易所交易

總結	☐ 只要錢包不連網私鑰就絕對不會被盜
	☐ 自己管理私鑰需要購買硬體或在電腦／手機安裝錢包軟體
	☐ 在交易所開戶可方便地進行各種交易

在「交易所」進行買賣

● 在交易所可以輕鬆買賣，但要注意流動性

在加密資產交易所開戶後，就能像股票交易一樣輕鬆地在同交易所的使用者之間進行個人對個人的加密資產交易。比如A只需要從帳戶內的錢包把加密資產轉給B的錢包，然後從B的帳戶領出對應的資金（法幣）即可完成一筆交易。

股票交易所通常會提供一個顯示所有即時買賣單資訊的「交易板」。如右頁下圖從上到下列出了目前有「323單位48,000元的賣單、258單位47,000元的賣單、……（以下略）」等市場狀況。當賣單和買單的價格達成一致時就會成交。比如右圖中賣單的最低價是45,000元，而買單的最高價是44,000元，兩邊的價格不一致。假如此時有人丟出10單位45,000元的買單，就會有10單位同一價格賣單成交。

這些賣單、買單都是**在同一交易所開戶的使用者**丟出來的，假如買方、賣方的數量太少就很難運作。所以有時使用者數量少的交易所會發生不得不高買低賣的情形。這種狀況就叫做「**流動性**低」。

另外，如果想在交易所外取得加密資產，必須先自己準備好錢包，然後把自己的錢包地址告知願意賣出加密資產的人發送轉帳請求，同時另外從銀行或其他管道把購買的錢（法幣）支付給對方，會麻煩許多。

● 在相同交易所的使用者之間進行個人交易的方式

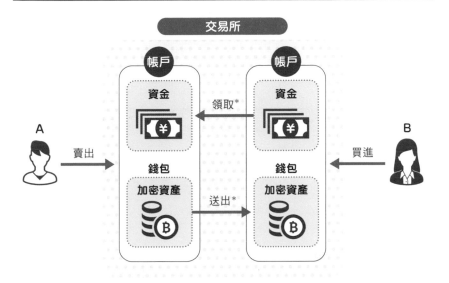

*「領取、送出」是站在 A 的角度來看

● 買賣單的成交方式跟證券交易相同

集中顯示買賣雙方下單狀況的「交易板」

賣出	價格	買進
323	48,000	
258	47,000	
149	46,000	
53	45,000	
	44,000	8
	43,000	22
	42,000	56
	41,000	132

當賣單和買單的價格
一致時便成交
（＝交易成功）

總結	☐ 個人間交易是在「交易所」的帳戶間結算資金和加密資產
	☐ 賣單和買單會集中放在交易板上，價格一致時成交
	☐ 買方、賣方太少時就很難成交（＝小心流動性）

透過「販賣所」
跟加密資產兌換業者進行買賣

▶ 在加密資產販賣所用業者提供的價格買賣

　　除此之外，我們也可以透過「販賣所」來買賣加密資產。相對於「交易所」是使用者之間互相交易，販賣所則是**跟加密資產交換業者進行買賣**。

　　販賣所跟交易所的差別在於沒有「交易板」。在右圖中，BTC的賣價是45,000，收購價是43,200起跳，除此之外還有ETH、XRP、ETC等商品。販賣所基本上是由加密資產交換業者單方面提供買價和賣價，如果使用者接受該價格便可下單購買／賣出。

　　如圖可見，買價和賣價之間存在價差，這個**差額就是販賣所的獲利來源**。由於這個價格是由加密資產交換業者自由決定的，因此不同業者提供的價格都不太一樣。不過，雖說是自由定價，但因為加密資產的交易是全球性的，所以業者的定價大多只會比時價高一點或低一點，通常不會發生不同業者的價格相差極大的情形。

　　販賣所得好處是可以用接近全球時價的價格來買賣。由於交易所的成交價格是依照使用者的下單價格決定，所以在流動性偏低的交易所有時會出現極端的高價或低價，但在販賣所就不會發生這種情形。雖說相對地因為販賣所不會做賠錢生意，因此通常只能用「比實價更高的價格買入，比實價更高的價格賣出」，但差價也不會太大，若想要用穩定價格買賣時，或許是比交易所更好的選擇。

● 在「販賣所」可用加密資產交換業者提供的價格進行買賣

加密資產
交換業者

加密資產交換業者
提供賣價和買價

販賣所

商品	BTC	ETH	XRP	ETC
買價	45,000	7,300	890	3,200
賣價	43,200	7,100	875	3,000

使用者下單「買進」和
「賣出」時的價格

賣出　　買進

● 不同業者可買賣的商品和價格不盡相同

A 公司　　　　B 公司　　　　C 公司

	B BTC	B BTC	B BTC	
買價	45,000	46,000	44,500	‥‥‥‥
賣價	44,000	43,000	44,200	

總結	☐ 「販賣所」的買賣是跟加密資產交換業者交易
	☐ 可用業者主動提供的買價和賣價交易
	☐ 買價和賣價之間的價差就是業者的利潤

先認識下單方式後
再買賣

⦿ 跟證券交易一樣可選擇市價單、限價單、止盈止損單

在進入交易所買賣前，請先認識市價單、限價單、止盈止損單這3種下單模式。

用市價單買入就是「用當下的賣價買入」的意思，此時交易所會幫你從賣單中選出最便宜的價格成交。而用市價單賣出則剛好相反。在價格走勢為簡單的上升或下降趨勢時，用這種方式下單就能獲利。

限價單則是像「如果每單位價格跌到××元以下就買入」，**指定價格上限**的下單方法，假如有人丟出低於該指定價格的賣單時就會成交。這種下單方式適合用於價格在一定範圍內上下波動的「箱型行情」，若能精準解讀出波動範圍適時下單，平均來說便能獲利。

然而，有時處於箱型行情的商品會在「促使價格變動的材料」出現時脫離箱型上升或下跌。這種時候更適合選用止盈止損單(註)，指定「若每單位價格漲到××元以上就買入」。雖然股票的價格在靠近箱型區的天花板或地板時，投資人比較不會丟出超出該範圍的賣單或買單，但若一個商品的價格突然**脫離箱型區一定距離**，很可能是因為市場出現了足以使價格跨越阻礙的買進／賣出題材，此時價格往往會繼續上漲或下跌一陣子。因此這種時候更適合用止盈止損單。

請認識這三種下單方式的差異，並因時因地靈活運用它們。

（註）即英文的Stop limit，中文一般翻為止盈止損，因為該模式一般是股票選擇權、期貨、外匯保證金等市場中用來提前為倉位設定止盈和止損點。但在日本金融圈也常被用來進行正文中提及的技術分析操作，日文漢字寫作「逆指值注文」。

● 基本的下單模式有市價單、限價單、止盈止損單3種

 市價單

用時價買入 10 單位的○○

限價單

若○○價格跌到每單位 ×× 以下就買入

 止盈止損單

若○○的價格漲到每單位 ×× 元以上就買入

● 依價格變化的型態選擇下單模式

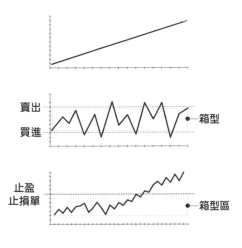

型態①

單調地上升或下降趨勢
　▶ 適合用市價單

型態②

在一定範圍內上下 （箱型）
　▶ 適合用限價單

型態③

當預測價格會脫離箱型區時
　▶ 適合用止盈止損單

總結	☐ 下單方式分為市價單、限價單、止盈止損單三種
	☐ 單純的上升或下降趨勢時用市價單
	☐ 價格在一定範圍內波動時用限價單

留意加密資產的價格動向

▶「市值總額達90兆日圓」不等於真的有人花了這麼多錢

加密資產的價格會受到哪些東西影響呢？

由於加密資產過去已出現過因中國禁止而一口氣暴跌，以及反過來因薩爾瓦多宣布以比特幣為法幣而使價格轉揚的實例，足見國家層級的政策和知名企業的行動十分重要，但除此之外也要留意「市場流通量」和「多餘資金存量的動向」。

比如在聽到「比特幣的市值達到90兆日圓」時，大多數人很容易以為這數字代表投資人為BTC支付的法幣總額已達到90兆日圓，但其實完全不是這樣。直到2022年的時間點，所有已發行比特幣總量中的8成是在2017年以前發行的，而當時比特幣的價格大約只有現在的50～100分之1。而在當時以低價買入手BTC的所有者絕大多數都期待未來價格會繼續上漲，並沒有賣出的打算。換言之**大半數的BTC都還存放在錢包內，沒有流入市場**。不僅如此，2017年和2021年的2次比特幣爆紅，背後也跟川普政權上台後實行的擴張性財政政策和新冠防疫下的**金融寬鬆**，使全球剩餘資金過剩的背景息息相關。這些剩餘資金大多流入了證券和債券市場，但也有極少一部分跑去購買加密資產，使得市場流通量不多的BTC價格異常攀升。

一旦這些當初推升BTC價格的條件消失，BTC的價格就有可能一口氣逆轉崩潰，必須格外小心。這就是邁向歷史上已經重演多次的「泡沫」的道路。

● 影響加密資產價格的因素和結構

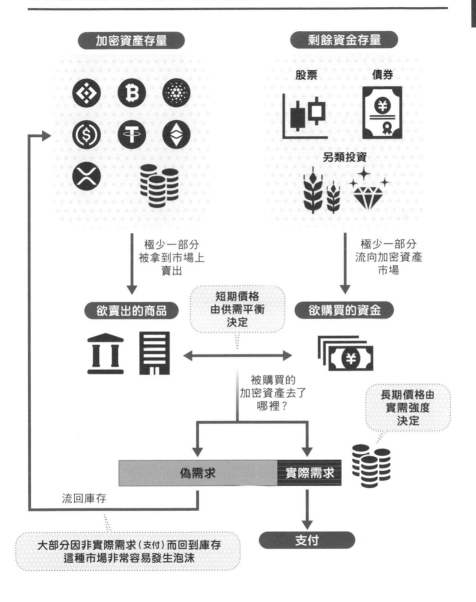

加密資產存量

剩餘資金存量

股票　　　債券

另類投資

極少一部分
被拿到市場上
賣出

極少一部分
流向加密資產
市場

欲賣出的商品

短期價格
由供需平衡
決定

欲購買的資金

被購買的
加密資產去了
哪裡？

長期價格由
實需強度
決定

偽需求　　實際需求

流回庫存

支付

大部分因非實際需求（支付）而回到庫存
這種市場非常容易發生泡沫

總結

☐ 被當成商品賣出流入市場的加密貨幣只占庫存量的極少數

☐ 投機性的資金進場快，出場也快

☐ 買、賣雙方都會因政府監管而發生劇變

管理錢包
應注意哪些事？

▶ 管理錢包應注意哪些事？

　　根據區塊鏈分析公司Chainalysis推估，2021年加密資產相關的盜竊、詐欺案件所造成的損失（全球範圍）共約140億美元。我們該小心哪些事情才能保護自己的加密資產不受到此類侵害呢？

　　首先要建立只有管理加密資產錢包的人（自己）才能摸到錢包的「物理性防護」和「認證防壁」。所謂的物理防護就是在使錢包無法在物理上被碰觸。比如購買硬體錢包隨身攜帶，或是保管在上鎖的房間或金庫內等等。

　　就算在物理上被他人取得，若對方不知道密碼或密碼片語就無法實際操作錢包。這就是「認證防壁」。安全性更高的「兩階段認證」也請務必打開。

　　而使用交易所交易的話，則可檢查**交易所客戶資產的離線管理機制**或防內賊機制是否充實、託管服務本身是不是詐欺等等。在日本，所有正當的交易所都必須向金融廳登記為加密資產交換業者。

　　「離線防壁」指的是使加密資產交易所需的「私鑰」保存在平常不會連上網路的一方，只在交易時連接網路。由於原理上不會受到駭客攻擊，所以非常安全。通常交易所也會採用這項機制，而自己管理錢包時也請記得**盡量使錢包保持離線**。

● 與錢包管理安全相關的因素

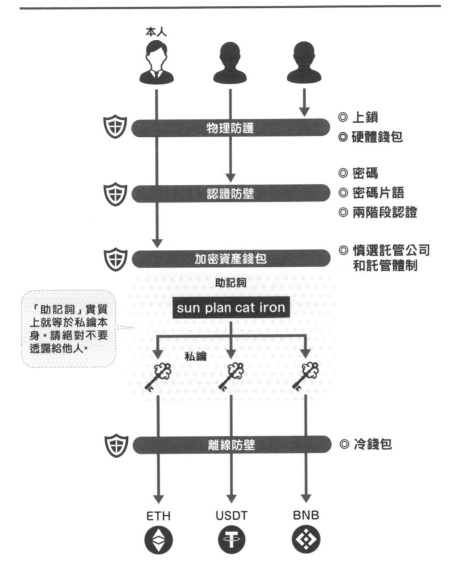

本人

物理防護　◎ 上鎖　◎ 硬體錢包

認證防壁　◎ 密碼　◎ 密碼片語　◎ 兩階段認證

加密資產錢包　◎ 慎選託管公司和託管體制

助記詞

sun plan cat iron

「助記詞」實質上就等於私鑰本身，請絕對不要透露給他人。

私鑰

離線防壁　◎ 冷錢包

ETH　　USDT　　BNB

＊ 助記詞：用於生成私鑰的多個英文單字組合（參照 P.142）

總結	☐ 私鑰一旦遺失、外洩就無法挽回
	☐ 有些錢包會使用助記詞
	☐ 不連接網路就絕對不會被駭

決定交易方針後再投資

● 決定長、中、短期的方針來運用

如果你買賣加密資產是為了投資，那麼就跟證券投資一樣，請先決定自己要做長期、中期、還是短期等投資方針。

所謂的「長期」，指的是買入自己認為未來有成長潛力的商品，以年為單位持有，又叫買入持有策略（buy and hold）。比如ETH（以太幣）在2022年初時成長為市值第二大的加密資產。一般認為這是因為以太坊是第一個實現了「智能合約」功能，除了虛擬貨幣外還能成為自動執行契約的平台，具有廣泛的應用前景。這類具有某些**強項的事物**，可期待**長期的成長性**，適合採取買入持有的策略。

「中期」則是指以數天至數週為單位的買賣。不論股票還是加密資產，通常在國家層級的政策改變等**重要事件發生前後**都會出現一定幅度的上漲或下跌，而中期投資策略就是抓住這段時間進場，在行情結束時退出（賣掉所有已買進的商品）。這個策略就叫做波段交易（swing trade）。

而「短期」是像「今天有6：4的機率會上漲」等預測1天內的價格走勢。比方說以100元買進，設定「漲到120元就賣出（止盈），或者跌到90元時賣出（止損）」等規則，依循這個規則冷靜地下單，基本上在下單當日，有時甚至幾分鐘內就出場。這個策略叫做當日沖銷（day trade）。

● 加密資產投資首先要決定做長、中、短期

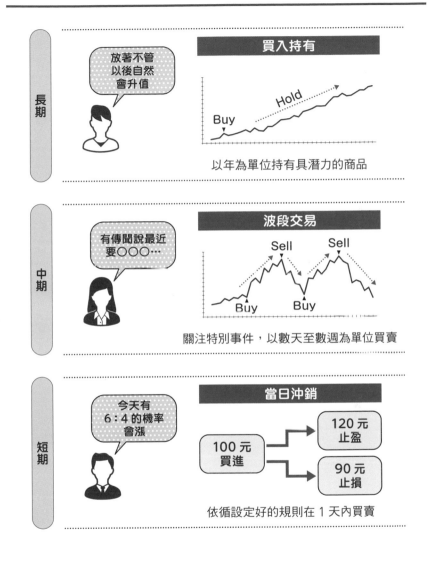

長期

放著不管以後自然會升值

買入持有

Buy　Hold

以年為單位持有具潛力的商品

中期

有傳聞說最近要○○○…

波段交易

Sell　Sell
Buy　Buy

關注特別事件，以數天至數週為單位買賣

短期

今天有6:4的機率會漲

當日沖銷

100元買進 → 120元止盈
100元買進 → 90元止損

依循設定好的規則在1天內買賣

總結	□ 投資時間長短不同，應注意的點也不一樣
	□ 留意各國的法律監管動向
	□ 止損要快，止盈要慢

急於停利而怠於停損？

　　有一次我稍微存了一點閒錢，便想說「好，來玩股票吧！」，人生第一次跳進股海，買了一支知名日本公司的股票。由於當時的景氣不錯，日股正不斷翻漲，我也因此賺到一些資本利得，心態因此膨脹了起來，心想「如果本金再多一點就好了……對了，不是還有保證金交易嗎！」，一下子就用2倍槓桿借了一筆錢又買了更多股份，沒想到剛買完股價就開始下跌。這應該也算是一種莫菲定律吧（笑）。

　　然而，看著之前累積的資本利得一點點萎縮，我卻遲遲沒能收手出場。明明是用融資買進的，無法長期持有，心理卻還是一直認為「不，再多觀望一下」，就這樣拖了好幾天。到後來真的覺得沒希望了，忍痛賣出時，資本利得已幾乎歸零。不過往好處想至少沒有賠錢，結果還算幸運的。

　　回顧自己當時的心理後，我才深刻理解日本股市常說的「選時比選股更重要」、「魚頭魚尾不吃也罷」、「止損要快，止盈要慢」等格言背後的含義。同時也不禁感慨「新手絕對不能玩短線」。因為新手沒有能力自己判斷進出場，掌握不到「時機」，所以總是會慢其他人兩、三步，別說是魚頭魚尾，連魚身都常常吃不到，加上本金不多故傾向迴避虧損，於是常常「急於停利而怠於停損」。

　　有了那次經驗後，我就不再玩保證金交易了。不過，假如我有一天盯盤8小時的空閒時間，加上10億日圓左右的閒錢，也許可以玩一個月試試看。但如果真的得到時間和閒錢的話，我想我大概會拿去做別的事情，所以那一天應該永遠不會到來吧。

Part

5

改變數位內容的流通方式

什麼是
加密資產／NFT技術？

「token」就是可成為某種價值的「印記（證據）」之物

● 用加密技術製作「不可複製／篡改的token」

NFT（Non Fungible Token）一詞中的「token」很難準確翻譯成中文（註），其作用跟日本江戶時代用於白米交易的「米切手」十分類似。

在江戶時代的日本商場，有時在採購商品時沒辦法馬上領到現貨，相對地可以從商家那裡領到一張**交換券**，比如購買白米的「米切手」。米切手上會寫明倉庫名、米俵（註）數、得標者姓名、年月日等資訊，只要在指定的日期拿著米切手到指定倉庫，就能兌換白米。但後來米切手漸漸被當成「錢」的代替品使用。比如商人B跟另一位商人C購買蔬菜時，有時不會支付錢幣，而是支付米切手。就這樣，米切手在許多商人之間代替貨幣輾轉流通，直到最後被商人A拿去兌換白米。

古代日本計算白米的容積單位之一，相當於中文的「包」，也就是「一包米」的意思。但不同地區和時期的「一俵」具體容積數各不相同，沒有統一定義。

這個「米切手」就相當於token。換言之token是一種「**代替具有特定價值之物的印記**」。而token必須具備的性質包含不可被複製／篡改、不會變質腐爛、便於轉讓給他人、可以低成本發行、多用途、以及適於廣範圍流通等等。

用紙製作米切手時，上面會簽名並壓手印以保證「不可複製／篡改」的性質，但數位資料在原理上卻能輕易地複製／篡改。因此程式開發者們使用加密技術建立了不可複製／篡改的機制，也就是數位token，而NFT便屬於其中一種。

（註）較常見的翻譯為「代幣」或「令牌」。
（註）古代日本計算白米的容積單位之一，相當於中文的「包」，類似「一包米」之意。不同地區和時期的「一俵」容積數各不相同，沒有統一定義。

● 用江戶時代的「米切手」來理解「token」的雛形

米切手是「領取白米的權利證明」，換言之也是
一種「token」，在當時被當成貨幣一樣流通

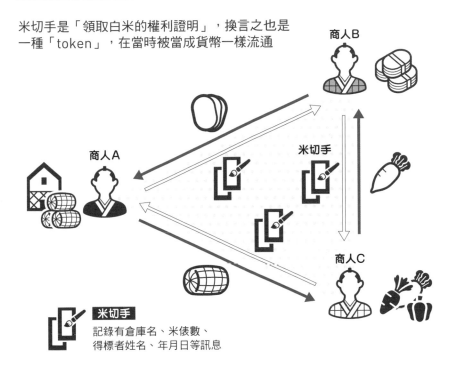

米切手
記錄有倉庫名、米俵數、
得標者姓名、年月日等訊息

● 構成 token 的要件

◎ 複製／不可篡改　　◎ 多用途
◎ 可被轉讓　　　　　◎ 廣範圍流通
◎ 低成本　　　　　　◎ 不會變質

總結	☐ 「token」是可跟具備特定價值之物交換的證明物
	☐ 「錢」也是一種不限用途且可廣範圍流通的token
	☐ 加密資產就是用加密技術將token數位化後的產物

帶有ID且可溯源的token
具有非同質性

● 真正有價值的是被token綁定的資產

用一張千元鈔票去交換另一張千元鈔票，兩者的價值不會改變。而米切手也一樣，米切手「可領取的白米量」就相當於鈔票面額，假設有2張米切手共可兌換10俵白米，把這2張米切手拿去跟其他米切手，最後領到的也還是10俵白米。這種token叫做「Fungible Token（同質性代幣）」。

另一方面，假設發行一張人物畫Y的兌換券以及另一張風景畫Z的兌換券，如果有兩個人互相交換這兩張兌換券，他們實際拿到的將會是完全不同的東西。而用加密技術把這種**不可互換的token**實作成數位資料後就是「Non Fungible Token（非同質性代幣，俗稱NFT）」。

NFT所綁定的「有特定價值之物」必須具有可跟其他東西區別的ID。比如把同一張數位版畫拿去複製成好幾張，只要分別把這些複製品標上「人物畫1」、「人物畫2」、「人物畫3」……之類的ID，就能為每一張複製品製作並綁定一個NFT。

對於沒有ID的東西，比如堆滿倉庫的米俵，即便製作諸如「10俵米的兌換券」這種token，也沒辦法區別這10俵米跟旁邊那10俵米的不同，因此這種兌換券就屬於Fungible Token（FT）。

如上所述，NFT可以跟「具固有價值的東西」綁定，但要注意本質上有價值的仍是「人物畫」或「風景畫」等被綁定的實體資產，**token本身是沒有價值的**。

● 跟別人交換後就變成其他東西（＝非同質性）的token

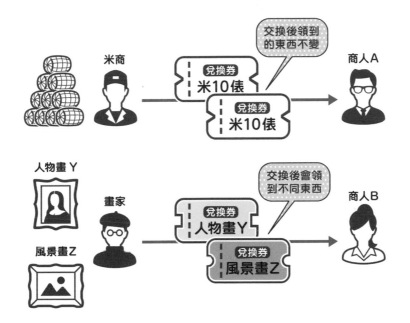

價值物上附有 ID，可製作 NFT

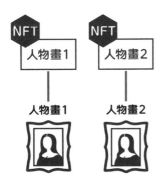

綁定在沒有 ID 的資源上的
token 屬於 FT

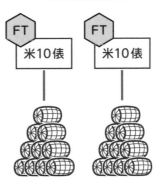

總結	☐ 「token」是可跟具備特定價值之物交換的證明物
	☐ 「錢」也是一種不限用途且可廣範圍流通的token
	☐ 加密資產就是用加密技術將token數位化後的產物

如何確保NFT的
「不可複製」性？

▶ 單純的NFT無法防止內容本身被複製

使用顏料繪製的傳統手繪藝術，由於描摹時難以完全重現原作的品質，只要鑑定就能判斷是不是真品。換言之不可複製，具有唯一性。

況且實體創作只能在現場觀賞，因此其他人無法觀賞到由個人收藏的畫作。換言之實體創作具有排他性，除非展示在美術館等公共場所，否則想欣賞一幅手繪畫作，唯一的辦法就是買下來把它變成自己的東西。

另一方面，數位資料可以輕鬆複製出完全相同的複製品。但透過DVD等媒體販賣的內容無法用普通方法複製，即使用播放器播放也只能讀取訊號而無法複製訊號。

由此可見，某些數位內容依其設計原理也具有不可複製性，但**NFT所綁定的內容通常不具有防止複製的機制**。因此NFT本身雖然不能複製，但數位藝術內容本身仍可輕易被複製，不具唯一性，且絕大多數不論有沒有NFT都可以從遠端鑑賞，不具排他性。

雖然常聽到人家說NFT很適合數位內容流通，但具體來說NFT的**流通方式跟過去有何不同**呢？或許可以說傳統的藝術內容流通原理是「由購買該作品的所有者自己鑑賞」為目的，而NFT則是以「向他人展示自己握有所有權」為其中一個主要目的。

● 單純的數位化內容無法保證唯一性和排他性

唯一性　　　　　由個人擁有的
實體藝術　　　　排他性

複製品的品質較差　　　　　　　　　不在現場無法觀賞

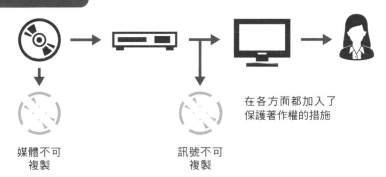

藍光、DVD 等

在各方面都加入了
保護著作權的措施

媒體不可
複製　　　　　訊號不可
複製

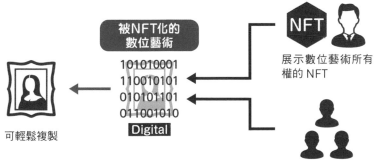

被NFT化的
數位藝術

101010001
110010101
010101101
011001010
Digital

可輕鬆複製

展示數位藝術所有
權的 NFT

無論有無所有權皆可
取得 （鑑賞）

總結	☐ 傳統藝術的「實體」性質保證了唯一性和排他性
	☐ 藍光和DVD都加入各種保護著作權的措施
	☐ 單純的數位內容化NFT沒有保障唯一性和排他性的機制

已買下的NFT
有可能丟失嗎？

▶ 就算NFT本身不會消失，內容仍可能消失

　　有些電子書在平台結束服務後就無法再閱讀，那麼NFT會不會遇到同樣的問題呢？

　　直接說結論，NFT其實也可能發生所綁定之**內容本體消失**的情況。NFT本身是記錄在區塊鏈上，所以不太容易消失，然而繪畫、照片、音樂、影片等內容因檔案太大，通常不儲存在區塊鏈上。由於各家內容的保存方式千差萬別，因此在某些情況下完全有可能因為重大意外而完全消失。另外，儘管也有人提出把內容本體保存在區塊鏈上的方案，但恐怕很難成為主流。

　　另外，目前大部分國家的法律也對購買NFT可以獲得哪些權利沒有任何定義。比如若某內容的智慧財產權（IP）擁有者把使用權鑄成NFT拿去販賣，結果因內容資料管理不當導致買了NFT的人無法取得內容，此時購買者有權要求販賣者還原內容嗎？除了IP持有者跟NFT購買者之間外，還有跟NFT市集等中介商的關係問題，目前對NFT權利關係的處理非常分歧且混亂。實體藝術品因為是由自己保管，至少百分百確定可以隨時使用，但NFT**就算買了使用權也不保證一定隨時都能使用**，必須特別留意。

● 雖然NFT不會消失，但NFT綁定的內容會

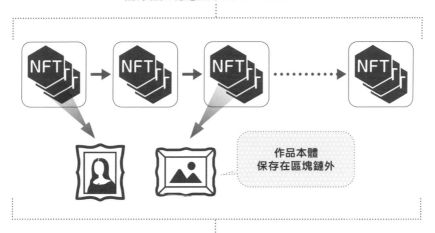

記錄在區塊鏈上的 NFT （不會消失）

作品本體
保存在區塊鏈外

NFT 指向的數位藝術本體 （會消失）

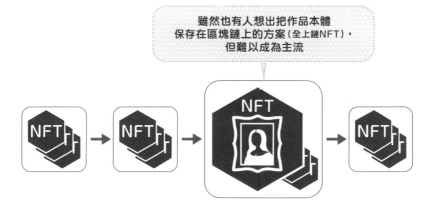

雖然也有人想出把作品本體
保存在區塊鏈上的方案（全上鏈NFT），
但難以成為主流

總結	☐ 數位藝術內容的本體通常保存在區塊鏈外
	☐ 區塊鏈外的內容有可能會消失
	☐ 也有人想出把內容本體保存在區塊鏈上的方案

NFT市集扮演何種角色？

▶ 市集的功能類似購物中心

現實中的購物中心內有很多商家，展示著各式各樣的商品。來到購物中心的客人會先在購物中心的服務機台尋找哪些店有賣自己要買的商品，在看到中意的商品後拿去櫃檯結帳。結帳用的電子現金或信用卡的讀取機都是由購物中心提供。如此分析下來，購物中心提供的是讓店家展示、販賣商品的空間，以及搜尋服務，還有結帳服務，換言之就是為商家和客人提供便利。

NFT市集的功能也跟購物中心非常類似，為NFT的發行者和購買者提供「鑄造NFT以及上鏈」、「保存內容的儲存空間」、「搜尋已發行之NFT和發行者」、「支付」等功能。每間線上市集都有不同的使用規定，而依循規定發行和販賣商品需要支付手續費。這些手續費就是市集營運商的收入來源。

大多數NFT採用以太坊作為上鏈的平台，但也有一些NFT使用其他區塊鏈。以太坊區塊鏈和市集是不同的存在，目前有很多家市集使用以太坊。相反地也有一個市集同時支援多種區塊鏈的情況。使用以太坊**需要支付俗稱「燃料費（gas fee）」的手續費，而近幾年以太坊的燃料費高漲**，因此有許多開發者跳出來建立NFT專用的區塊鏈，市場占比正逐漸提高。

● 在NFT市集上買賣NFT的原理

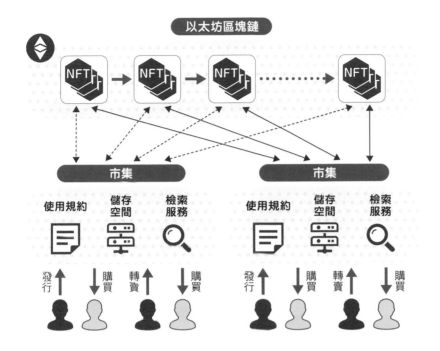

● 透過市集買賣NFT須支付手續費

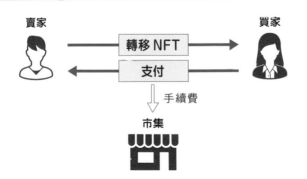

總結	☐ NFT市集提供客戶輕鬆買賣NFT的服務
	☐ NFT交易大多可在單一市集內完成
	☐ 市集只提供交易服務，不保障法律上的權益

NFT對創作者有利嗎？

● 創造藝術界新消費型態的可能性

藝術創作的擁有／使用有很多種不同的風格，而NFT或許可以創造一種全新的風格。

炫耀型的買家是以「秀」為目的，偏好簡單易懂且華麗的作品。有些人雖然會花錢買，但其實對藝術沒什麼興趣。

而收藏型的買家，比如古董愛好者等等，他們大多不是為了展示而是純粹喜歡收藏，完全是出於興趣而購買，不會追求簡單易懂又華麗的作品，但會希望買到的東西可以永久保存。

至於享樂型的買家一般屬於電影或音樂的鑑賞者，他們單純只是想一個人享受有趣的作品，不執著於是否擁有內容本身，大多只要能在一定時間內**「使用」就好**。內容租賃生意就是因應這方面的需求而生，但現代已漸漸被串流服務取代。

參與型買家則是近年才出現的新類型，他們大多是偶像團體的粉絲，從「**參加粉絲社群跟其他同好一起同樂**」這件事中感受到價值，有可能會做出重複購買幾十張相同的CD等傳統藝術消費族群難以理解的行動。NFT便很適合這類型的市場。比如用演算法自動量產具有特定模式的圖像，拿到市場上大量販賣的「NFT藝術收藏項目」，就是針對此類市場的NFT應用方式。

另外，雖然現在很多人都說NFT在二手流通時可以抽成分紅給原作者，但實際上究竟有多大程度「成功」卻是不透明的。

● 關於擁有／使用藝術作品的風格

炫耀型

► 為了「展示」而擁有

　例：古典繪畫、珠寶飾品、高級服飾、高級車等

實際上對藝術沒有興趣，只是單純想要大家看得懂且昂貴的繪畫

收藏型

► 想擁有自己熱愛的事物並收藏

　例：古董愛好者的收藏

這是我最喜歡的畫家的作品，一定要小心收藏。

享樂型

► 為了自己享受而在一定時間內「使用」

　例：一般的音樂、電影、漫畫等

這部電影真好看！
（但是用租的就夠了）

參與型

► 以粉絲的身分一邊表現自己一邊融入粉絲社群同樂

○○太棒了！
大家一起嗨起來！

總結	☐ 不同類型的群體消費模式也截然不同，形成不同市場
	☐ 參與型消費者重視創作方營銷活動
	☐ NFT或可創造藝術品的新消費型態

NFT有助於元宇宙發展

● 連結IP持有者和使用者的平台

2021年Facebook將公司名稱改為Meta以宣示未來將著重元宇宙事業的發展，一時蔚為話題。元宇宙是建立在網際網路上的虛擬人際活動空間，被預測將在未來出現極大的成長，而NFT或可在其中大顯身手。

元宇宙是「虛擬空間」，可以打造超現實的世界，但既然是人際活動的場所，就還是會有跟現實世界相似的部分。因此，比如想在元宇宙中創造「自己理想中的住房」時，首先會遇到的問題就是「IP（智慧財產權）使用權的高牆」。「理想的住房」中一定會擺上自己喜歡的模型玩具、家具、海報、樂器、衣服等等。但原本設計販售來擺設在現實書桌上的**實體模型不包含在元宇宙空間內的使用權**，所以要使用的話就必須向IP持有者取得內容資料及其授權（使用權）。

而NFT就非常適合當成IP（授權＋內容）的發布平臺。IP持有者可能是個人創作者、電影公司、著作權管理公司、藝人事務所等等，種類繁多；而這些IP的用途除了元宇宙外，也可能是直播、Web等等，同樣五花八門。換言之必須有一個**「多對多」的連結平台**，而不會被一間公司壟斷管理，且可以永續保存的區塊鏈NFT被認為很適合當成這個平台。

● 元宇宙是各種IP（智慧財產權）的集合

構成虛擬空間3D模型、貼圖材質、音樂等等都有IP（智慧財產權）

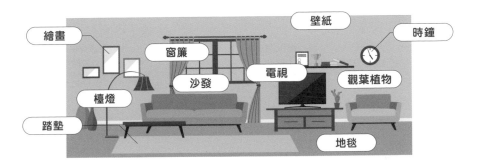

● 加密資產／NFT可提供IP持有者向使用者發行IP的管道

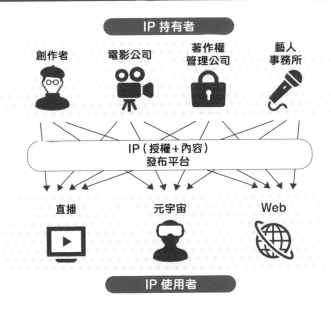

總結	☐ 元宇宙空間是由各種內容組成的
	☐ 需要一個用來發布數量遠多於傳統現實空間的IP的機制
	☐ 加密資產／NFT可以成為IP發布平臺

投機型市場跟
永續性市場是兩種東西

▶ 品牌對發展永續性市場很重要

　　若想不被泡沫性現象（暴漲、暴跌）玩弄在掌心，那就要弄清一個很重要的觀念，即投機性市場跟永續性市場是兩種東西，兩者的金流運作原理截然不同。

　　最能象徵投機性市場的一句話就是「有沒有好的投資標的？」，換言之**投機市場的參與者永遠在尋找會升值的東西**。他們一旦發現好的投資標的就會立刻投入大量閒置資金（賠掉也無所謂的錢），並在漲價後賣掉賺取巨額價差，但這種市場無法長期維持。

　　相對地，特定藝術家的粉絲會持續花費自己可運用的資金，一旦投入就不太會離開。由此類核心支持者推動的市場不會出現極端的高點或低點，屬於永續性市場。不只是藝術界，職業運動界基本上也是**靠核心支持者在支撐**。

　　另一方面，比如購買裝飾品來妝點自己的房間或店面的這種需求，常常是先決定如「夏天的海邊」或「可愛的動物」這種主題概念後，才根據主題去尋找符合的商品。這類市場不需要尋找「核心粉絲」，更需要「可簡便地找到符合需求的繪畫或音樂，在需求存在的期間用低廉成本租借」的**方便性**。

　　上述的後兩者都是永續性市場，消費者的行為模式跟出於投機市場的參與者截然不同。如果想設計一個運用NFT技術的商業企劃，就必須認識到其中的差異，思考適合自家公司的戰略。

● 不同市場的金流運作原理也截然不同

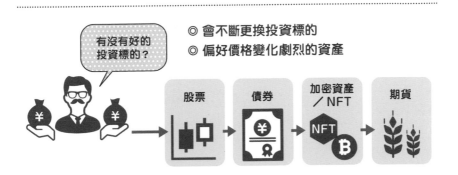

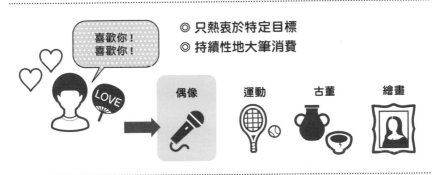

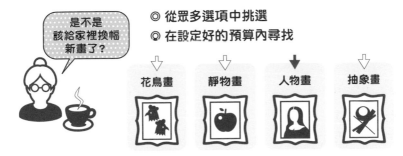

總結	☐ 投機市場的價格波動劇烈，熱錢來得快去得也快
	☐ 打造品牌對抓住熱情粉絲很重要
	☐ 投機者的湧入會破壞永續性市場

無視用熱門關鍵字煽動你去投資的人

　　上世紀末到本世紀初的「網路泡沫時代」是一個很多初創企業拿著幾頁企劃書就能募到巨額投資一口氣燒光的時期。在網路泡沫結束短短幾年後，Facebook便拿到種子基金的投資，由於當時該公司的營收極低且商業模式也不明確，很多媒體都批評這筆投資案是「網路泡沫重現」。然而一如大家所知，Facebook後來快速成長，並非眾人所想的毫無未來，而是一筆大獲成功的投資（但在當時要看到這點非常困難）。

　　那麼，NFT是否也跟當年的Facebook一樣呢？這點筆者不敢斷言。不過，至少我可以肯定地告訴大家：「請無視所有告訴你『現在NFT投資正夯』要你拿錢投資的傢伙」。實際上現在常常可以看到這樣的推銷文章，但它們都太過誇大其詞。

　　確實，的確有幾幅看似平平無奇的點陣圖藝術NFT以高價賣出，但這並不代表只要做成NFT，任何一幅粗糙的點陣圖畫作都能賣得高價。就好像不是所有賽馬都能在G1拿到冠軍，冠軍馬能拿到冠軍有其背後的原因。投資NFT該做的不是列舉那些高價賣出的案例，而是思考為什麼它們為什麼會以高價賣出。若不謹慎思考，只是看到NFT三個字就一口氣把錢砸進去，那就真的只是「瘋狂網路泡沫重現」了。現在我們應該更多思考一下NFT具體到底是用何種技術、何種原理運作，從底層技術的機制開始認識，了解NFT對哪些用途有什麼樣的意義，或者至少該付出努力去了解它才對。

Part

6

超越加密資產的框架向外擴散

區塊鏈將
改變社會

跨國匯款
如此麻煩的原因

● SWIFT有實際標準太高跟緩慢的缺點

　　比特幣之類的加密資產受到注目的理由之一，是它**或許可以成為一種便捷的跨國匯款手段**。企業間的高額轉帳實質上是以SWIFT為標準，由於轉出和轉入必須透過一種叫往來銀行的中介銀行，故每次轉帳都要支付手續費，而且還無法事先得知手續費是多少。匯款時間有時還可能多達1個禮拜，具有「昂貴、緩慢」的缺點。

　　為了解決這些缺點，包含SWIFT自己推出的服務在內，近來出現了好幾個新的跨國匯款服務。其中之一的Wise是採用匯款人只需將錢存入匯出國的銀行帳戶，就能從匯入國銀行的Wise公司帳戶將錢轉到收款人的賬戶，實質上只需要在國內匯款，是一種廉價而快速的服務。除了Wise之外還有其他好幾種跨國匯款服務，但它們大多都有可用國家較少、不提供高額匯款等缺點，無法完全取代SWIFT。

　　國際匯款麻煩的原因之一，是因為必須遵守洗錢防制（AML）／打擊資助恐怖主義相關的國際準則。為落實AML／CFT政策，匯款時必須確認匯款者是否為本人，並嚴密監控所有可疑交易，而在跨國匯款時很難做到這幾點。此外，比如2022年因俄羅斯入侵烏克蘭導致俄羅斯的大型銀行被踢出SWIFT，有時國家政府也會出手干預金融業務。而無可否認地，**加密資產正成為規避國家政策和法令的漏洞**。

● 透過SWIFT進行跨國匯款既費時又花錢

企業間的高額匯款常使用SWIFT（全球銀行金融電信協會）來進行跨國匯款

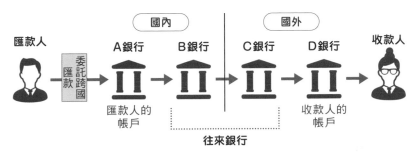

手續費	須支付匯款手續費、往來銀行手續費、收款手續費、換匯手續費等多種手續費
速度	經由多間銀行，長則數日

● 廉價、快速的國際匯款服務應運而生

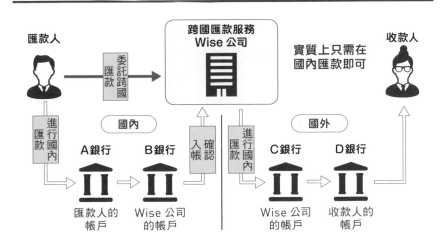

總結	☐ 成立於1970年代的SWIFT是企業間進行高額匯款的管道
	☐ SWIFT的匯款處理不但費時且手續費昂貴
	☐ 雖然也有為個人提供的跨國匯款服務，但有些國家無法使用

瑞波幣：
快捷、低廉的跨國匯款方案

● 透過中心化的加密資產進行跨國匯款

在意圖取代SWIFT的跨國匯款服務中，有些便利用了加密資產。其中之一便是由瑞波公司經營的RippleNet。其運作原理是：收到跨國匯款委託的銀行首先要使用RippleNet把匯款人和收款人的資料送給收款銀行，並把法幣暫時換成XRP（瑞波幣）。接著把XRP轉給收款銀行，然後收款銀行再把XRP重新換回法幣，轉入收款人賬戶。雖然加密資產的價格波動一般太過劇烈，很難用於結算用途，但因為在RippleNet上的XRP轉帳可在數秒內完成法幣→XRP→法幣的兌換流程，幾乎不會有價格波動問題，被專門設計用來進行兩國之間的國際匯款。日本的SBE remit株式會社在2021年7月已開始提供使用RippleNet的菲律賓跨國匯款服務。

XRP跟很多加密資產不同，是**中心化的加密資產**。以比特幣和以太坊為代表的眾多公有鏈不存在中心化管理者，由極眾多的小型管理者來進行區塊鏈驗證；但XRP是由瑞波公司管理，記錄XRP的分散式帳本XRP Ledger只由經瑞波公司認可的極少數驗證者（validor）進行上鏈的驗證。而日本的京都大學也是其中一個驗證者。

儘管有一派人認為加密資產的魅力就在於沒有特定管理者，但**完全的去中心化無論如何都難以避免效率低下的問題**。而XRP則藉由中心化管理機制來提升效率。

● 使用加密資產XRP來進行跨國匯款的方案「RippleNet」

接受跨國匯款委託的金融機構，可利用RippleNet暫時將法幣換成XRP來轉帳，實現迅速、廉價的跨國匯款流程。

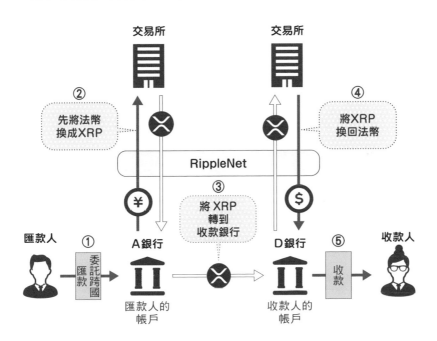

瑞波公司	管理和經營RippleNet、XRP Ledger的FinTech公司
RippleNet	由瑞波公司提供給金融機構的跨國匯款服務
XRP	RippleNet 所使用的加密資產
XRP Ledger	記錄 XRP 的高匿名性的區塊鏈

總結	☐ **XRP是專為跨國匯款服務製作的加密資產** ☐ **XRP Ledger是中心化、高速、匿名性高的分散式帳本** ☐ **只有瑞波公司認可的驗證者可驗證XRP Ledger**

加密資產的原理
跟區域貨幣的相性良好

▶ 無須付出大量勞力和金錢就能當成區域貨幣使用

　　日本曾在1999年、2015年、2019年，3次推出只能在特定地區、期限內使用的商品券以促進消費的政策。儘管外界有很多人質疑這種政策的實際成效，但至少在有折扣的情況下就不會是完全0效益，以後也仍有可能再實施類似的政策。

　　然而，由於**以紙張發行「商品券」十分費工麻煩**，今後可能會漸漸改以數位券的方式發行。其中一個實例，就是岐阜縣的飛驒信用組合自2017年起推出的用手機掃描QR碼支付的區域貨幣「猿寶寶幣（さるぼぼコイン）」。

　　只能在特定區域使用的貨幣叫做「區域貨幣」，除促進消費外，也可以用來支援特定社區內的特定活動。比如促進民眾購物、當志工、或參與促進健康的活動等等，區域貨幣可用來記錄民眾對這些活動的參與，並提供民眾集點兌換贈品等，以此鼓勵某些「行動」。這些行為如果是購物的話就有促進消費的效果，當志工的話可以彌補行政服務的人力，健康活動的話則有助於提高民眾健康並減少醫療費。而區域貨幣系統的資金來源則是政府為推動相關政策而發放的補助金。

　　用於推行此類活動的區域貨幣平台，必須滿足綁定特定地區和行為、不需太多人力和經費即可營運、可驗證行為紀錄之真偽等條件，而這些條件就可以運用區塊鏈／加密資產技術來實現。所以加密資產的機制跟區域貨幣的適性十分良好。

● 「區域貨幣」的機制可用於支援特定社區內活動

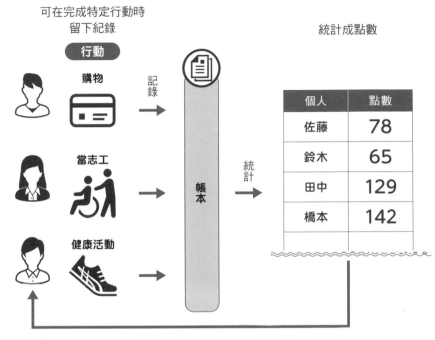

可在完成特定行動時
留下紀錄

行動

統計成點數

購物 ── 記錄 →

帳本 ── 統計 →

當志工 →

健康活動 →

個人	點數
佐藤	78
鈴木	65
田中	129
橋本	142

依照點數給予贈品，鼓勵「行動」

● 「區域貨幣」 平台須具備哪些條件？

可綁定特定地區和行動

無需花費人力即可營運

無需花費大量經費即可實施

可以驗證紀錄的真偽

可使用區塊鏈
／加密資產技術

NFT

B

總結

☐ 區域貨幣是只能在特定社群內使用的類折價券
☐ 發行／經營實體區域貨幣的成本很高
☐ 運用區塊鏈技術可以低成本經營區域貨幣

登記美術品的資訊
防止非法交易

▶ 將有助於鑑定真偽的資訊記錄在區塊鏈上

　　且不論美術館／博物館，一般古典藝術愛好者在坊間的古董店或向私人買賣時，幾乎沒有管道委託專家來鑑定商品的真偽。這導致某些商人利用這個漏洞故意販賣贗品，讓**藝術品業界充斥贗品**。

　　而區塊鏈技術有助解決這個問題。要是一般的愛好者在古董店購買藝術品時，可以一眼看到這個商品的交易履歷呢？如果可以清楚得知此物曾在什麼時候由誰持有、買賣透過哪家業者仲介、經由哪位專家鑑定過、鑑定結果為何的話，比起單方面依賴賣家的片面之詞，消費者將可更正確地判斷商品的真偽。為了實現這點，我們將需要建立一個**任何人都能存取的「藝術品資料庫」**，而若用區塊鏈打造這個資料庫，資料就不易在眾多持有者、業者間轉手流通時遺失或被篡改，成為值得信任的資料庫。在藝術品貼上IC標籤，可以用電子方式讀取ID的方式是最理想的，但即便做不到，仍可以配合圖像辨識技術以高效率辨識藝術品的身分。

　　由於藝術品業界是由無數的中小零售業者組成，在實際建立這樣的資料庫時很難讓整個業界達成共識；然而區塊鏈不需要中心化管理者，可以用較低成本建立一個「無須互信的分散式系統」，可以先從認同此生態的業者開始推行，再慢慢推廣，且現實中也已有多個類似的服務開始營運。

● 註冊有助鑑定藝術品的資訊來預防非法交易

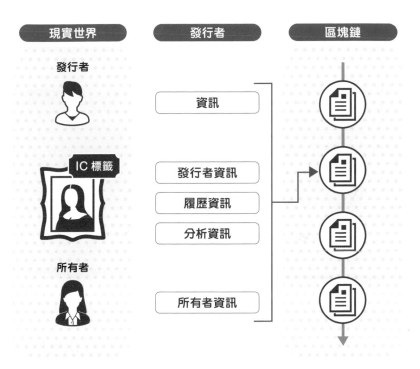

| 現實世界 | 發行者 | 區塊鏈 |

► 對發行者做資格審查
► 將有助於鑑定和修復的履歷、分析資料儲存在區塊鏈上
► 對每件藝術品發行識別ID並附上IC標籤
► 所有者資訊做匿名處理

實例：Art Certificate、StartBahn、Blockchain Art Collective

總結	☐ 藝術品很難鑑定真偽，市面上充斥大量贗品
	☐ 為實體藝術品附上IC標籤便可追溯交易情報
	☐ 把履歷和其他資訊記錄在區塊鏈上有助於鑑定真偽

可以培育角色拿去販賣的
NFT遊戲

▶ 把遊戲角色變成NFT即可自由販賣

　　Dapps（分散式應用程式）是一種應用了區塊鏈上智能合約的應用程式，目前主要是拍賣平台或多人即時遊玩的遊戲等等。其中最具代表性的Dapp是Axie Infinity，這是一個繁殖、養成遊戲內名為Axie的可愛怪獸並用它們對戰的遊戲。此遊戲也是可透過玩遊戲取得加密資產的「**Play to Earn（P2E，邊玩邊賺）**」類遊戲的始祖。另外，遊戲內的Axie都是以NFT發行，展示了NFT「可追溯源頭的唯一性」這項特質，也可應用在如遊戲這樣的領域。在Axie Infinity中獲取加密資產換成現金的方法，除了直接販賣Axie外，也可以透過對戰和解任務獲得。

　　在遊戲中對戰和解任務可以獲得SLP或AXS這兩種Axie Infinity內的專用資產。截至在2022年4月，該遊戲內的總交易額達到36億美元，而Axie的最高成交紀錄達82萬美元（將加密資產成交價換算成美金）。

　　儘管Axie Infinity是以「P2E遊戲」而聞名，但背後仍需要有人付錢來支撐遊戲，因此諸如「可以靠玩遊戲賺錢」的宣傳方式**以遊戲來說不能說是正道**。確保遊戲本身好玩仍是大前提，如何在此前提上調整付費和報酬的平衡，將是此類遊戲未來要解決的問題。

● 在虛擬世界繁殖、培育怪獸並對戰的遊戲

Axie Infinity https://axieinfinity.com

建構在區塊鏈上的 Dapps 遊戲代表例

► 培育各種怪獸（Axie）來對戰
► 所有Axie都是NFT

* Dapps：Decentralized Applications，分散式應用程式

● 可通過遊玩來販賣

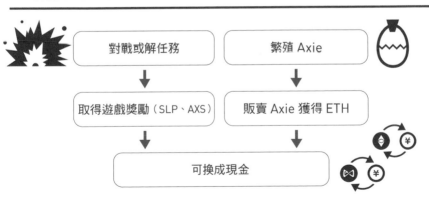

對戰或解任務　　繁殖 Axie

取得遊戲獎勵（SLP、AXS）　　販賣 Axie 獲得 ETH

可換成現金

總結	☐ Axie Infinity是用區塊鏈建構的遊戲 ☐ 通過遊玩可賺取能換成現金的加密資產 ☐ 在遊戲世界內的總交易額達36億美元（截至2022年4月）

119

應用區塊鏈
防止物流網上的偽造品

● 建立可橫向記錄物流過程的追蹤式帳本

　　仿冒品是名牌物和藝術品等領域的老問題，但近年像半導體零件、家電產品、醫藥品等也同樣仿冒品橫行，造成嚴重的問題，而業界正嘗試應用區塊鏈來解決這個問題。其基本原理是為商品或輸送單位加上ID，在物流過程中記錄物流追蹤帳本（用區塊鏈實作），如果一件商品沒有出貨紀錄或是已有售出紀錄，即可判斷該商品是仿冒品。

　　雖然原理很單純，但實際做起來必須要相關企業統一腳步才能運作。然而由於**物流過程牽涉到包含中小零售商在內的各種企業**，所以無法找到能統整和領導整個上下游，也就是能扮演中心化管理者的公司。同時，物流業務的特性是必須365天24小時無時無刻地運轉。開發和經營這樣的系統需要耗費巨大成本，這點也是一個課題。

　　然而，區塊鏈原本就不存在中心化管理者，而且是一種可以實現帳本無法篡改的技術，分散式帳本的特性也可**用較低成本確保系統全時運作的可能性**。

　　還有，比如現在牛肉已經建立了消費者可以隨時搜尋檢索個體識別號碼的體制，在物流可追蹤性方面，讓沒有合約關係的企業和個人也能隨時取得一定程度的資訊，在安全上也會更讓人放心。

　　現在業界正運用區塊鏈，逐步建立可滿足上述要求的物流追溯系統。

● 用任何人都能看到的物流可追溯性來防止仿冒品

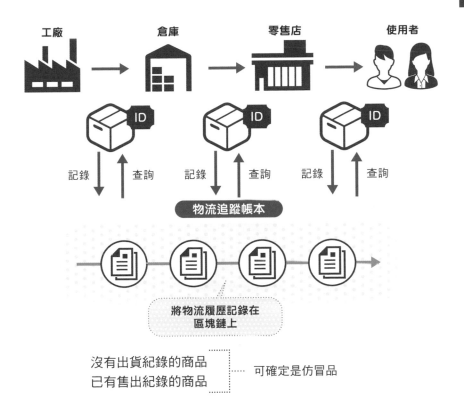

將物流履歷記錄在
區塊鏈上

沒有出貨紀錄的商品
已有售出紀錄的商品 …… 可確定是仿冒品

以下需求很適合區塊鏈

◎ 最好能讓沒有合約關係的公司／個人也能查看履歷
　資訊

◎ 想要24小時運作的帳本

案例：醫藥品（日本通運、埃森哲）、紅酒、服飾等

總結
- ☐ **半導體零件、家電製品、醫藥品等面臨嚴重的仿冒品問題**
- ☐ **只要記錄、對照物流的過程就能輕易防範仿冒品**
- ☐ **需要24小時全天運作的帳本**

應用區塊鏈的食品產銷履歷系統

● 有助生產者的單一產地品牌化

區塊鏈在食品產銷履歷系統的應用也同樣在發展。比如使咖啡從產地運到消費者手中的過程變得可追溯，從技術的層面來看就是一種物流可追溯性，但食品的追溯性跟電子零件和醫藥品的追溯性有著不一樣的意義。

以醫藥品來說，相同學名的藥物基本上藥效和品質都一樣，病患和醫師都不會特別去挑選藥的產地；但消費者在採購食品時挑選產地，跟老闆說「我只吃魚沼產的越光米！」卻是很稀鬆平常的事。假如市場有一個可信賴的食品產銷履歷系統，可以使消費者深入到農家、農場的層級來選購「○○農場的葡萄」，有助於「**單一產地品牌化**」，提高低收入生產者的收入和市場地位。而站在消費者的角度，看得到產品的生產者也能在購物時更安心。

此外，很多出口農產品的開發中國家的農民都沒有銀行戶頭，而讓這些人也能享用到金融服務的「**普惠金融**」被認為是實現SDGs（永續發展目標）的重要元素。而建立農產品可追溯性也被認為有助保障這類農民的收入，實現普惠金融。

另一方面，對於負責讓食品在市場流通的食品公司，也能通過供應鏈的可視化來提高產品品質與減少浪費。

目前FarmerConnect等企劃正致力於實現上述的成效。

●「連結」生產者和消費者的系統可以創造新的附加價值

複雜的流通過程

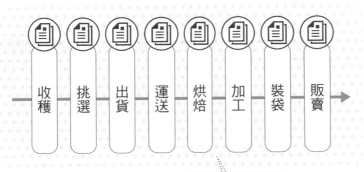

收穫　挑選　出貨　運送　烘焙　加工　裝袋　販賣

記錄在區塊鏈上

農家

咖啡公司

消費者

◎ 單一產地品牌化
◎ 收入證明
◎ 普惠金融

◎ 供應鏈可視化
◎ 提升品質
◎ 減少食物浪費

◎ 檢查／支援生產者

案例：FarmerConnect（IBM Food Trust、
　　　伊藤忠商事）、Starbucks（Microsoft Azure）

總結
- ☐ 複雜的流通過程只要記錄在區塊鏈上就能從世界各地隨時存取
- ☐ 連結消費者和生產者有助於「單一產地品牌化」
- ☐ 對生產者的收入證明／普惠金融也有貢獻

促進電動車（EV）的
電池回收再利用

● 記錄車用電池的使用履歷以評估殘餘價值

　　電動車（EV）用的電池必須具備很高的性能，在還遠遠不到完全無法使用的狀態前就必須提前更換。然而被淘汰的車用電池對於家用電器等電器用品來說仍完全堪用。隨著電動車未來日益普及，這類車用電池的回收利用需求也會愈來愈高，必須建立電池的回收再生機制。在**回收電池時用符合殘餘價值的價格來收購**是最理想的，但要怎麼評估電池的殘餘價值呢？

　　此時區塊鏈就能派上用場。電池的性能會隨著充放電次數增加而下降，尤其在快速充電時最容易損耗。此外，在高溫環境下使用電池也會讓電池劣化。因此只要**記錄每顆電池建立使用履歷**，就能評估殘餘價值。要做到這點，不需要特定中心化管理、不可篡改、可用性高的區塊鏈被認為是很適合的工具。

　　實際上為了實現這點，國際聯盟MOBI（Mobility Open Blockchain Initiative，移動產業開源區塊鏈倡議組織）就制定了車用電池的V2G（Vehicle to Grid，車輛到電網）規格標準，致力於移動產業（mobility）的區塊鏈應用。符合V2G規格的車輛和電池的使用履歷都會記錄在不可篡改的區塊鏈上。

● 為電動車的充電履歷提供證明，提高回收時的收購定價精度

◎ EV 用電池可回收再生
◎ 殘餘性能會影響回收價格
◎ 如何得知一顆電池的使用程度？

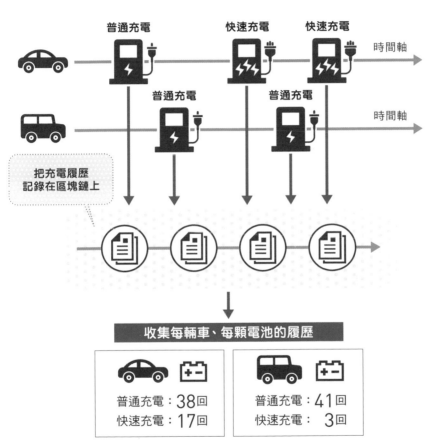

普通充電　　快速充電　　快速充電　　時間軸

普通充電　　普通充電　　時間軸

把充電履歷
記錄在區塊鏈上

收集每輛車、每顆電池的履歷

普通充電：38回
快速充電：17回

普通充電：41回
快速充電：　3回

► 回收時作為收購定價的依據

總結
☐ EV用電池必須在完全老化前就更換
☐ 不能用於EV的電池仍可用於其他產品
☐ 有充電履歷的話就能推算電池的老化程度

擴大和提升供應鏈效率

● 實現企業間平等的資料共享機制

供應鏈管理（Supply Chain Management，SCM）指的是透過管理來有效率地推動從原材料和零件的採購到製造、出貨、運輸、銷售等一系列流程。比如大型零售店每天都會有好幾輛卡車來店裡卸貨，假如它們全都在同一個時段進來，卸貨口就會塞車，讓某些卡車必須停在外面排隊等待，效率不彰。因此，進貨方必須預估好檢貨和陳列的時間，跟送貨方協調進貨的時間，讓每輛車都能剛好錯開卸貨時間，不會塞在一起。這就是一種最簡單的供應鏈管理。

通常需要進行供應鏈管理的是那些每天會採購許多種類的商品來進行某些加工，且加工後的成本會配送、賣給許多不同的客戶的行業，其中最典型的便是汽車工業和大型連鎖零售業。然而傳統行業的供應鏈管理通常**以核心企業為中心，具有主從關係**，整條供應鏈的管理都以最佳化核心企業生產流程為目標。在供應鏈管理中用來進行聯絡的EDI（Electronic Data Interchange，電子資料交換）也只用於1對1的企業資料交換，因此擁有來自不同產業之客戶的供應商必須分別為不同客戶建立不同的EDI，有時反而讓流程變得沒有效率。

因此現在產業正開始漸漸淘汰具主從關係的供應鏈管理模式＋資料「交換」式的EDI，改用區塊鏈串聯從供應鏈上游到下游的複數企業，建立**沒有主從關係的對等**連結，以資料「共享」代替「交換」。這個新的體系有望改善供應鏈整體的效率。

● 橫向連結沒有上下關係的企業，建構資料交換網路

傳統的企業間合作機制

企業內部用ERP，企業之間用電子郵件／電話／產業EDI等工具來交換資料。

| 問題點 | ◎ 產生很多人工作業
◎ 難以針對整條供應鏈最佳化 |

新的企業間合作機制]

通過區塊鏈建立統一的資料共享平台，可以自動交換結算時所需的資料和執行合約。

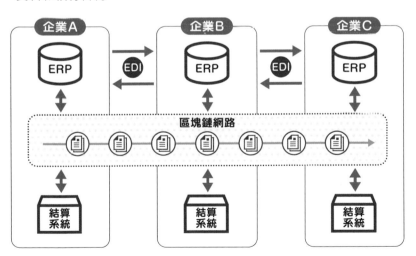

| 總結 | ☐ 企業間的資料交換往往停留在1對1關係
☐ 牽連到許多企業的供應鏈需要一個橫向的合作機制
☐ 區塊鏈可作為共同的資料共享基礎設施 |

成為行政程序平台

▶ 用不易篡改、不會停機的資料共享系統提升行政效率

不論是日常生活還是職場，我們在各種不同的場合都有機會接觸到行政程序，很多時候這些程序都需要領取和填寫表格，非常麻煩且費時。因此區塊鏈也被寄予促進行政程序數位化和效率化的期待。

在各種繁雜的行政程序中，其中一種我們所有人都會用到的就是**身分認證**。比如到銀行開戶、到電信行辦手機門號，都需要出示駕照或健保卡、身分證等各種證明資料以確認身分，並留下影本保存。然而，不論是駕照還是身分證，上面除了用於確認本人所需的資料外，都還記錄了其他不必要的隱私資料，因此用它們來做身分認證其實並不太合理。然而除此之外沒有其他不需要跑到戶政事務所也能確認身分的簡便方法，只好不得已用它們來代替。

不只是身分認證，各種會牽涉到證明的行政業務都可以用某些方法電子化，比如讓人可以透過網路申請發行證明資料，然後直接把資料下載到手機等裝置上，上傳或現場出示給需要確認該資料的業者，由業者直接連到認證單位**檢查證明書的內容是否正確**。這裡的「認證單位」，指的是負責將用於確認各種證明書真確性所須的資料（不是證明書本身）上傳到區塊鏈上，在收到驗證請求時代為驗證證明書真確性的服務。目前福岡縣飯塚市和九州工業大學都有在做此類認證業務電子化的實驗。

● 行政程序的電子化系統必須具備的條件

可用區塊鏈實現

- 不易篡改
- 不論官方或民間皆能查閱、更新
- 資料不會遺失
- 履歷可追溯
- 不會停機
- 可實現匿名性

● 具體的應用情境

投票
贊成　反對

不動產登記
住址 ▶ 所有人 ▶
地目 ▶ 抵押權 ▶

公文管理
登錄、閱覽、
變更檢查

其他
- ◎ 貿易資料分享
- ◎ 區域貨幣／區域點數
- ◎ 公證、實名認證
- ◎ 共享城市
- ◎ 產品追蹤
- ◎ 醫療資料管理
- ◎ 法人登記
- ◎ 防盜登錄
　（自行車、汽車）
　……等等

總結	☐ 區塊鏈上的資料具可用性、可信任性上的優勢 ☐ 適於不動產或法人的登記資料等公共證明用途 ☐ 不論官方或民間，適於共享多個組織和個人的資訊

成為電子合約平台

▶ 區塊鏈的電子簽章、防篡改功能皆可派上用場

在職場上會遇到數不盡需要簽約的情境，由於合約必須塞入很多繁瑣零碎的條件，所以一定得製作「契約書」。然而製作紙本合約卻非常費時費力。若能應用區塊鏈建立「電子合約」系統，就能減少很多人力。

典型的契約書是由合約生效日期、當事人的簽名、合約條件組成。日期的部分可以直接轉換成區塊鏈上的時間戳記，而用於證明當事人同意的簽名則可用電子簽章功能來實現。

內容比較簡單的合約單靠電子郵件或口頭的委託／承諾就具有法律效力，之所以特地製作紙本合約，是為了用不可篡改的形式記錄並保存合約內容，以防發生「這跟當初說好的不一樣」的糾紛。區塊鏈原本就是**不可篡改也不可抹消**的帳本，可以滿足上述需求。

合約條件可以簡單地用文字資料保存，也可以用智能合約來實作。對於可以在線上以程式來執行及確認合約上各項條款的內容，就可以藉由智能合約來**自動執行**。這是紙本合約不可能做到，電子合約獨有的功能。

目前實際開發、經營電子合約的平台有OpenLaw、Hyperledger Fabric、Accord Project等。

● 「契約書」的多數功能都可以建立在區塊鏈上

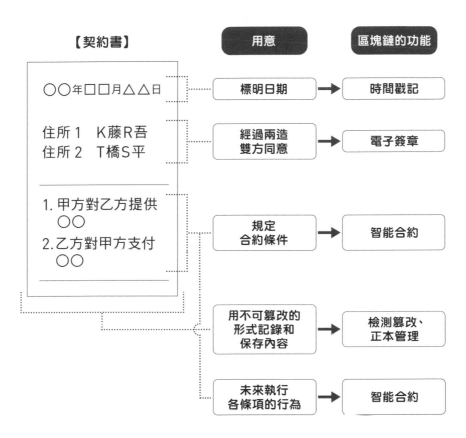

實例：OpenLaw（基於 Ethereum 的協議）、
Hyperledger Fabric（Linux Foundation、IBM 等）、
Accord Project（Linux Foundation）

總結	☐ 「契約書」是證明簽約者皆同意合約條件的文件
	☐ 契約書的許多功能都能建立在區塊鏈上
	☐ 智能合約可以自動執行合約條件

成為IoT平台

◉ 保障IoT設備的可歸責性、機密性、完整性、可用性

　　IoT（Internet of Things，物聯網）現在已被用來蒐集農場的環境資料、河川水位等防災資料、以及輸送機器或工廠設備的運作資料等，擁有非常廣泛的用途。

　　若對IoT系統建立粗略的模型，那麼所謂IoT基本上就是使用「感測器」蒐集資料、整理顯示給使用者、依照使用者的指示向硬體設備傳送指令的系統。「致動器（actuator）」則是指用來驅動馬達和開關的機械裝置。

　　目前業界已有人開始研究如何將區塊鏈應用在IoT上。其中的關鍵在於**可歸責性、機密性、完整性、可用性4點**。

　　IoT系統透過網路把非常多的設備（感測器類）和使用者連接在一起，但其中位於終端的設備通常無法搭載強力的安全功能，因此通訊的可信任性大多時候比較差。所以，我們必須設法讓IoT具備**防止偽造的設備或使用者連入網路**的「可歸責性」、只對一定權限的使用者公開資訊的「機密性」、防止資料被竄改的「完整性」、以及即使部分節點斷線仍可運作的「可用性」。比如可歸責性問題可以用私鑰的電子簽名來解決，機密性可以用ID來控制存取與加密，完整性可以用雜湊鏈來防止竄改，可用性可以用分散式網路來提高加強系統故障時的韌性等等。這些都是區塊鏈原本就有的特性，或是可以應用區塊鏈的功能來實現。

● IoT 是多對多的資料蒐集／命令控制系統

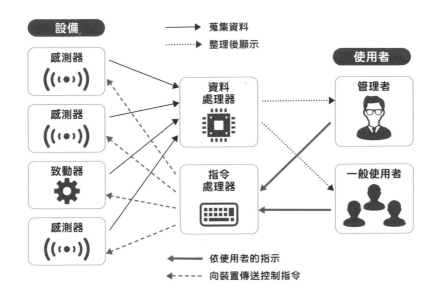

● 實現可歸責性、機密性、完整性、可用性的方法

在確認使用者或裝置是否為本尊的「可歸責性」後，還需要控制限制資訊公開範圍的「機密性」。另外還必須確保蒐集到的資料和傳送指令的「完整性」與「可用性」。這幾點都可以靠區塊鏈的特性和以下方法應對。

可歸責性	用私鑰製作電子簽章
機密性	依ID控制存取權限和加密
完全性	用雜湊鏈防止篡改
可用性	採用分散式網路來加強對故障的韌性

總結	☐ IoT是多對多的資料蒐集與指令控制系統
	☐ 對於設備和使用者必須控制機密性和可用性
	☐ 使用區塊鏈可以更容易地控制這些因素

企業鏈的發展

● 公共型區塊鏈不適合商業用途

有一種區塊鏈的分類方式是用「是否為公有鏈」當分類標準。公有鏈的代表性例子就是最早問世的比特幣。比特幣的交易處理模型有以下幾個缺點：①記錄交易資料需要支付手續費，且手續費價格變動很快又往往十分昂貴；②任何人都能看見記錄在交易池中的交易資料，**機密性很低**；③挖礦的**交易處理效率很低**（約每7秒才能處理1筆交易）；④出塊速度很慢（約10分鐘）；⑤必須等到後續幾個區塊出完塊後才能看到交易完成，而且已完成的交易實際上永遠存在被拒絕的可能性（**沒有確定性**）這5點。

而非公共的企業鏈就是為了改良這5點而打造的區塊鏈。企業鏈是「會員限定」的區塊鏈，換言之只有管理者認可的參與者可以連上區塊鏈網路。這是企業鏈跟沒有中心化管理者的公有鏈之間最決定性的差異。此外，「輕量級共識」讓企業鏈的交易處理效率大幅提高，手續費也非常低廉或完全不需要，並可藉由使用者認證、存取權控制來強化資料隱私性，擁有較高的安全性等等特徵。

企業鏈讓區塊鏈在資訊共享平台方面擁有更廣大的用途。

● 公共型區塊鏈很難用於商業用途

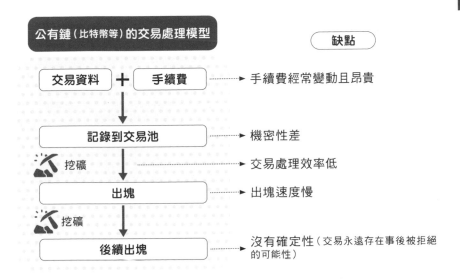

● 企業鏈更適合商業用途

為了解決任何人都能參與的公有鏈缺點，業界開發出了專門用於商業用途的企業鏈

| 會員限定 | 只有經管理者*認可的參加者可以連入區塊鏈 |

| 輕量級共識 | 輕量級的共識演算法可大幅提高交易速度 |

| 手續費的負擔低 | 手續費非常低廉或無須手續費 |

| 高安全性 | 強化使用者認證、存取權控制、資料隱私性 |

* 由單一公司擔任管理者的叫私有鏈，由多間公司擔任管理者的叫聯盟鏈

總結	☐ 區塊鏈的原型是任何人都能參加的「公有鏈」
	☐ 公有鏈不適合對性能和安全性要求高的商業用途
	☐ 企業鏈是專為商業用途打造的區塊鏈

區塊鏈的用途也太多了吧？

　　加密資產的底層技術區塊鏈，除了可用於IoT、產品履歷、行政程序外，還有很多列舉不完的用途，應用範圍非常廣泛。

　　然而，區塊鏈的本質簡而言之就只是一個「帳本」。每家公司都有帳本，舉凡員工名冊、客戶名單、庫存列表、訂單紀錄、出貨紀錄……等等，全部都是「帳本」的一種。而區塊鏈讓我們多了一種製作帳本的新方法，因此應用範圍當然很廣。打個比方，就好比每家公司都有電話，儘管不同公司通話的內容全都不一樣，但電話的用途都是相同的。

　　而「新的」不代表就是萬能的，跟傳統方法相比，區塊鏈有其優點也有其缺點。在優點得以發揮的領域，區塊鏈的應用速度就很快；在優點無從發揮的領域，大家還是會繼續沿用舊的方法。真要說的話，由於「加密資產」牽涉到個人的價值觀和國際政治，所以天生比較不容易推廣，但是否使用區塊鏈純粹是技術的問題，相信之後的應用會更加普及。何況，現在只要宣稱自己有用區塊鏈就很容易拿到投資，說不定還會出現明明沒有需求還硬要使用區塊鏈的案例呢。

Part

7

正確認識風險和前景

加密資產的
課題與未來

隱藏在加密資產
背後的各種風險

⊙ 以自由為目標的加密資產實際上會到受法律制度影響

在購買加密資產／NFT時，也請留意潛藏在底下的諸多風險。

首先，由於加密資產是一種新商品，目前在法律上充滿很多不確定性和不明確的地方。不但前有中國無預警禁止加密資產交易的案例，在日本等國家，課稅標準也在不停變化。即便花錢購買了NFT，在日本法律上也不等於自動得到該商品的所有權。

另一個風險是「缺乏實際需求支撐」，這意味著購買加密資產的人很多不是為了實際拿來當成支付工具，而是因出於投資目的，期待未來的價格會上漲而買，換言之加密資產仍是一個充斥多餘資金的投機性市場，價格變動非常劇烈。這種市場一旦需求消滅，價格就會雪崩式下跌，並且一去不返。遇到譬如各國開始實施貨幣緊縮等情況時，就有暴跌的可能性。

而「不存在管理者」雖然有時是優點，但也意味著在發生人為失誤或重大災難時，消費者得不到任何救濟，一旦失去人氣就**有可能發生意料外的弱化（貶值或喪失信用）**，比如NFT就有詐欺和內容可能消失的缺點。

至於「分散式帳本」讓加密資產具有較高的可用性，但相對地也讓它無法進行高速處理，不適合記錄大量資料。由於可能發生只有部分系統在運作的狀況，故**系統錯誤的處理也容易變得複雜**，可能發生暫時性的資料不統一的情形。

且既然是「數位資料」，就存在被駭被盜的可能，一個操作失誤就有可能在一瞬間造成巨大的損失。

◉ 關於加密資產／NFT的各種可能風險

風險產生的原因	風險的內容
法律制度的不確定、不明確	◎ 可能無預警被禁止 ◎ 課稅標準隨時在變 ◎ 日本在法制上並不承認 NFT 的「所有權」
缺乏實際需求支撐	◎ 受市場多餘資金總量的影響 ◎ 價格變動劇烈
不存在管理者	◎ 人為失誤得不到救濟 ◎ 災難時得不到救濟 ◎ 人氣衰退時可能發生意料外的弱化 ◎ [NFT] 詐欺類商品層出不窮 ◎ [NFT] 內容有消失的可能性
分散式帳本	◎ 無法進行高速處理 ◎ 無法記錄大量資料 ◎ 系統複雜 ◎ 資料無法刪除
屬於數位資料	◎ 可能被駭 ◎ 操作失誤會造成很大影響

總結	☐ 加密資產／NFT作為一門生意，也會受到國家法律影響 ☐ 由於玩法生態一直在變，法律制度也還在變化 ☐ 留意過度幻想引來的投機資金導致泡沫化

長期持有沒有擔保的資產
需要注意價格變動

◉ 加密資產沒有任何人都能使用的長期保證和實績

要留意加密資產並不具備跟普通貨幣（法幣）一樣的交換媒介和價值儲存功能。

「交換媒介功能」是只能用來當成金錢支付購買商品的功能，如果一個東西只需在有限的時間和相關者間能當成金錢使用即可，那麼這個東西並不需要具備與貨幣相同的內在價值。所以在某些時代、地區甚至會出現用「香菸」甚至「木片」來當成貨幣使用。

另一方面，「價值儲存功能」則是指一個事物必須可期待能長期、大範圍地通用。譬如在江戶時代的日本雖然曾有一段時間用「白米」繳稅，但放置太久就會變質的食物本來並不適合這種用途。相反地，貴金屬和寶石這種實體資產雖可長時間且不分國界地使用，不過價格卻容易變動。而法定貨幣的現金和存款一般可以長期通用，然而只能在發行國國內使用（但也有美金這樣的例外）。

加密資產基本上屬於「**沒有人可為其價值負責**」的存在，所以並不具備任何人都能使用的長期保證和實績。比特幣誕生已超過10年，但自價格首次飆漲以來只經過短短5年。特別是沒有擔保資產的非穩定幣，價格波動通常相當激烈，就連穩定幣也一些是擔保資產貧弱的商品。

實際上，作為世上最早的加密資產，比特幣原本是**為了發揮交換媒介功能而設計的**。然而現在它卻被當成擁有價值儲存功能的「資產」來對待，不可不小心謹慎。

▶ 區分貨幣的交換媒介功能和價值儲存功能

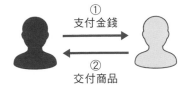

交換媒介功能

①
支付金錢

②
交付商品

► 在極有限的時間和相關者間能用即可。

► 無須具備「貨幣」本身的內在價值。

價值儲存功能

1年、10年，或更久以後

100萬　　　100萬元（價值不變）

► 必須可期待能長期、廣範圍通用。

► 被當成「貨幣」的大多是有內在價值的事物。

▶ 加密資產可期待被長期且大範圍地使用嗎？

實體物品 （貴金屬、珠寶等）	可期待長時間、不分國界地廣泛使用，但價格會變動。
現金 （法幣、紙幣、存款）	通常可長期通用，但只能在發行國國內使用（有例外）。
加密資產 （非穩定幣）	沒有可長期大範圍通用的保證和實績。價格變動也很大。
加密資產 （穩定幣）	沒有可長期大範圍通用的保證和實績。價格變動視乎發行者的管理方式。

總結	□ 可當成交換媒介的貨幣不見得能用來儲存價值 □ 加密資產是否能用來儲存價值仍未可知 □ 長期持有的話要注意價格變動

小心因駭客、意外、災害
導致錢包失竊或消失

● 嚴加保管私鑰／助記詞

任何人都有可能遇到加密資產因電腦病毒或網路釣魚詐欺而被盜的風險。既然加密資產的本質只是一堆數據，就有可能因**電腦或手機故障而消失**。

要防止以上情形，就必須設法防止錢包中的私鑰，或是用來生成私鑰的助記詞被竊或消失。

「防止消失」的基本做法便是把資料拷貝（備份）到其他地方，其難易度因錢包的種類而異。若使用交易所的錢包，使用者是沒辦法自行備份資料的。而若使用個人電腦或手機上的錢包軟體，則需要使用者自行備份資料。

至於專用設備（硬體錢包），由於在交易以外的時間不會連網，比較不容易被駭，而備份的難度也視個別產品而異。通常硬體錢包附有由12～24英文單字排列而成的助記詞，只要把它們抄寫在紙上就能備份，不過也有些產品可以用MicroSD來備份。然而紙本備份有可能會抄錯，MicroSD卡也不是絕對安全，所以資產金額較高的話，最好是**準備多個硬體錢包**，並確定設有資料復原機制。

而把私鑰印在紙上的「紙錢包」，雖然因為是實體，交易的時候比較不方便，但相對地也不容易被駭，比較安全。

● 必須小心防止私鑰／助記詞被盜或遺失

● 各種錢包的優點／缺點

錢包的位置	／缺點
交易所 - 雲端提供的錢包功能	使用方便，且交易所會幫忙備份。ID／密碼被盜時會被人冒名存取。使用者無法自行備份。
PC、手機 - 安裝在個人電腦或手機上的錢包軟體	連網操作的機會很多，容易被駭。使用者必須自行備份。
專用設備 - 專門為錢包打造的硬體	只有在交易加密資產時才會連上網路，不易被駭。備份容易性視各項產品的設計而異。
紙錢包 - 把密鑰印在紙上保管的方法	交易非常麻煩，但也不易被駭。要小心紙張的保管。

總結	☐ 務必保護好存有私鑰／助記詞的加密資產錢包 ☐ 交易所錢包的管理方式因交易所而異 ☐ 選擇自己管理的話，就要自己負責防範盜竊和遺失

支付平臺的弱點

◉ 公有鏈不支援小額支付

若要使用加密資產，比如使用比特幣買東西，首先要克服的第一個弱點就是AML／CFT對策（參照P.154）。公有鏈的最大特色就是可以匿名交易，但商業結算是不允許匿名交易的。

而在轉帳的時候，我們首先得準備好足夠的資金（同等金額的加密資產），但加密資產通常都存在**法幣兌換率變化激烈**的問題。

然後實際開始支付動作後，馬上又會遇到每秒處理效率太低，交易完成時間太長的問題。一般的信用卡系統每秒可以處理幾萬筆交易，但BTC和ETH每秒只能處理10～20筆，效率相差幾千倍，根本不可能廣泛用於支付用途。還有，以BTC來說，從交易開始到**完成支付的所需時間**長達10分鐘～1小時，至少對於實體店面的櫃檯結帳來說完全沒法使用。

「確定性（finality）」是指一筆交易完成結算後就絕對不會再被推翻或取消。但由於BTC的結算不具備確定性，即便結算乍看已經完成，理論上也永遠存在被取消的可能性。雖然在實用上只要1個小時沒被取消即可視為「結算完畢」，可這終究只是一種便宜的手段。

最後還有普及率太低的問題。儘管加密資產近年因為價格暴漲而頻頻登上媒體版面，不過實際上真的接受加密資產支付的商店少之又少。這些因素都會阻礙加密資產成為一種支付工具。

◉ 阻礙區塊鏈廣泛用於商業結算的各種難題

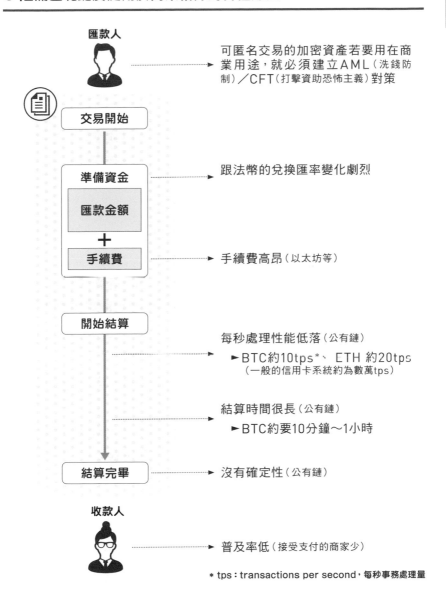

匯款人

可匿名交易的加密資產若要用在商業用途，就必須建立AML（洗錢防制）／CFT（打擊資助恐怖主義）對策

交易開始

準備資金

匯款金額

＋

手續費

跟法幣的兌換匯率變化劇烈

手續費高昂（以太坊等）

開始結算

每秒處理性能低落（公有鏈）

► BTC約10tps*、ETH 約20tps
（一般的信用卡系統約為數萬tps）

結算時間很長（公有鏈）

► BTC約要10分鐘～1小時

結算完畢

沒有確定性（公有鏈）

收款人

普及率低（接受支付的商家少）

* tps：transactions per second，每秒事務處理量

總結	☐ 公有鏈不支援大量的小額支付
	☐ 當成投機標的很吸引人，但當成支付工具充滿缺陷
	☐ 私有鏈／聯盟鏈可以解決部分問題

你的NFT真的
有價值嗎？

▶ 小心無版權者發行的「偽造品」

　　曾被視為NFT元年象徵之一的「史上第一則推文」，價格在一年內便從約3億日圓暴跌到大約400萬日圓，如今更像是NFT泡沫的象徵。

　　不僅如此，現在數位藝術NFT領域也充斥著由無版權者發行的「偽造品」。由於數位內容非常容易複製，圖片資料在原理上也很難從圖片本身鑑定真偽，因此只能藉由發行者的交易履歷等周邊資訊來判斷是不是贗品。儘管NFT常常被描述為「可為易被複製的數位資料賦予唯一性」，但**雖然NFT本身不可複製，數位圖片本身卻非常容易複製**，因此也衍生出了此類詐欺型態。雖然已有一些交易平台著手解決這個問題，不過目前市場上仍未建立防止偽造品發行的機制，購買時務必留意。

　　而且即便是由版權所有者發行的商品，也存在一些難以用對待傳統藝術作品的方式來看待的作品。如果是傳統藝術品，實體手繪通常就只有一幅真跡，即便是版畫也只會印個幾百幅。然而在NFT界，卻相當流行製作數種圖形元素後透過排列組合**自動生成數千種不同模式的生成藝術**（Generative Art）。這種作品的發行活動，往往很像一場由作者的社群跟粉絲們一起狂歡的派對，無法用大多買回家一個人欣賞的傳統藝術的角度來理解。

● 為投資而買要注意價格泡沫化和偽造品NFT氾濫的問題

由Twitter創辦人所發
的世界第一則推文，在
2021年3月以約3億日圓
的價格賣出，但1年後再
次拍賣時只賣到約400
萬日圓。

jack ⚡ ✅
@jack

just setting up my twttr

午前5:50 · 2006年3月22日 · Twitter Web Client

https://twitter.com/jack/status/20

數位藝術NFT領域充斥
由無版權者發行的「偽
造品」。

數位藝術 NFT

真品　　　贋品　　　贋品

● 以粉絲身分購買收藏時要留意龐大的出品數

由不同種類的部件排列
組合，自動生成大量作
品的生成藝術NFT┃分
流行

例：Cryptopunks、Ringers、
　　720 Minutes、手塚治蟲生
　　成藝術

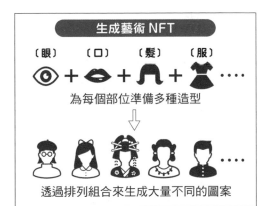

生成藝術 NFT

〔眼〕　〔口〕　〔髮〕　〔服〕

👁 ＋ 👄 ＋ ⋒ ＋ 👗 ⋯⋯

為每個部位準備多種造型

⬇

透過排列組合來生成大量不同的圖案

總結	☐ 小部分高價賣出的案例易受注目的NFT市場就是泡沫
	☐ 目前仍為建立防止偽造品的機制（發展中）
	☐ 可收藏件數比傳統藝術品多出好幾倍

法律管制強化是成長的證據

▶ 加密資產的存在正開始影響金融體系

2021年12月，IMF（國際貨幣基金組織）貨幣和資本市場部門負責人公開提議「必須對加密資產相關商品和服務實施**全面、一致和協調的全球監管**」，其背後的原因為何呢？

假設某人在A銀行存了100萬，後來聽說「B銀行的存款利率更好」，於是把錢從A銀行改存到位於外國的B銀行，此時A銀行能貸款給企業的資本就會少100萬。而從日本A銀行流到外國B銀行的存款，將對日本的經濟成長沒有任何幫助。

如果相同的情況大量發生，將對一國經濟造成很大衝擊，所以在經濟基礎脆弱的開發中國家，往往會限制資本移動到外國，對金融系統的監管也比已開發國家更嚴格。此時若有一個運作原理不同於傳統金融機構的金融服務進入市場，並**吸收大量資金，將很可能給金融系統帶來混亂**。其中一個先例就是1997年阿爾巴尼亞老鼠會式的傳銷公司大量興起，最終造成全國等級的經濟危機。不同於經濟規模大的已開發國家，開發中國家除了缺乏好的投資對象，國民的財務素養也比較低，一旦出現像「加密資產」這種新的投資標的，便很容易受到影響。

有鑑於這樣的情形，IMF才提議世界各國必須統一步調對超越國界的加密資產進行監管。而從另一個角度來看，這也可以說是加密資產市場已成長到足以對影響世界金融體系的證明。

● 由於加密資產跨越國界，故必須進行全球性的監管

【IMF（國際貨幣基金組織）貨幣和資本市場部門負責人2021/12/9發文要旨】

加密資產相關商品和服務近年跨越國境急速成長，跟金融體系間的廉潔性也逐漸增強。金融穩定性風險隨之增加，有必要進行全面、一致的全球監管。

https://www.Imf.org/ja/News/Articles/2021/12/09/blog120921-global-crypto-regulation-should-be-comprehensive-consistent-coordinated

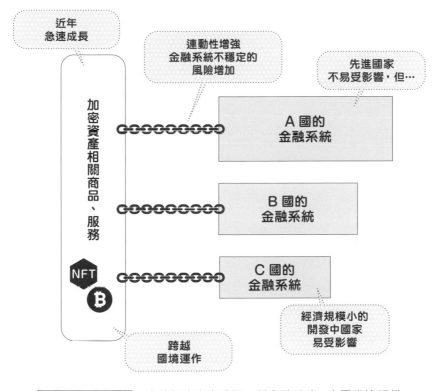

| 基本方向 | 應將加密資產視為一種金融服務，由國際協調推動跟傳統金融事業一樣的監管措施 |

總結	□ 加密資產的存在已成長到會影響金融體系
	□ 長期以「沒有管理者」為目標的加密資產也會受到監管
	□ 目前的方向是比照傳統金融事業來監管

違背綠色經濟趨勢的
能源浪費批判

◉ 減少挖礦的能源消耗是最要緊的課題

　　用於比特幣轉帳指示的「挖礦」流程，在結構上註定會十分浪費能源，這與綠色經濟、脫碳化的潮流背道而馳，因此遭受許多批評。

　　當區塊鏈上產生一個新區塊後，所有礦工會同時開始挖掘下一個區塊，此時**只要其中任意一名礦工成功出塊**，其他人的運算成果全部都會被拋棄。換言之這個機制會浪費很多多餘的電力。

　　比特幣自誕生以來運算量（＝能源消耗量）就持續呈現爆發式增長，能源的浪費量也隨之增加。根據其中一項估算，假如把比特幣在2010年10月時的計算量當成1單位，則2020年12月時的計算量已達到100億倍。雖然這段期間計算機的性能也有所提升，但就算假設能源效率提高了100倍，這個數字也依然有1億倍之多。看在重視SDGs的人們眼裡，也難怪會批評比特幣是「犯罪性的浪費」。

　　減少比特幣能源消耗的方法有2種。第一種是減少挖礦的獎勵，換言之就是「讓挖礦無利可圖」。如此一來礦工數量便會減少，相對地浪費掉的能源也會減少，但實際上要**把礦工數量控制在合適的程度幾乎是不可能的**。另一個方法是放棄「去中心化」的基本原理，只由少數的驗證者來驗證區塊。然而這會讓比特幣變成本質完全不同的東西，所以也幾乎不可能實現。

● 比特幣的「挖礦」在結構上天生就很浪費能源

所有礦工同時開始「挖礦」

開始 ▶

成功!

丟棄

除了第一個成功的礦工外,其他人的成果全部捨棄＝浪費能源

● 比特幣的「挖礦」在結構上天生就很浪費能源

比特幣用於挖礦的計算處理量變化 (以 2010 年 10 月的計算量為 1 單位)

2010年10月	1
2011年 5月	100
2013年 6月	10,000
2013年12月	1,000,000
2016年 2月	100,000,000
2020年12月	10,000,000,000

※ 根據 Jean-Paul Delahaye 的推算(2021/10/4)
　 https://ideas4development.org/en/bitcoin-waste-energy/

2022年 4月的 比特幣節點數	約15,000

總結	☐ **Proof of Work的區塊鏈驗證機制是能源浪費的元兇** ☐ **改用能源消耗更少的共識演算法是必然趨勢** ☐ **比特幣的「去中心化」理念將會倒退**

即使加密資產支付普及了 銀行也不會消失

▶「轉帳」只不過是金融機構的其中一個功能

銀行除了「結算」以外，還具有「資金管理」、「形成資金池」、「產業支援」等3項支撐著國家經濟的功能，而這些都不是加密資產所提供的。

冷靜思考人們使用加密資產的原因，會發現最常見的答案是「可以匿名交易」，而這世上**真正需要匿名交易的只有跟犯罪有關的結算支付**。畢竟加密資產的手續費也不見得比銀行匯款更便宜，不足以抵銷跟法定貨幣之間匯率變化的風險。

至於「轉帳速度快」這點，雖然加密資產在跨國匯款方面某種程度上的確比較快，然而傳統金融服務也在逐步改善轉帳速度慢的問題。

而「有升值潛力」這點，人們**本來就不是為了等待升值而購買貨幣**，況且還有貶值的風險。只不過目前為止加密資產的熱潮尚未消退，這項風險還沒顯現出來罷了。

然後是「沒有資金被凍結的擔憂」，這在某種程度上是正確的。實際上，在俄羅斯因入侵烏克蘭而被西方各國凍結海外資產後，的確有很多俄國富豪開始把資產轉移到加密資產避險。

而另一個跟避免資金被凍結類似的需求是「不想把錢寄存在別人手中」。畢竟銀行存款在銀行破產時通常無法得到全額保護。所以不信任銀行經營能力的人，可能會傾向採用可以自行管理資金的方法。

如此看來，加密資產就算普及為一種支付手段，也無法取代傳統的金融機構，因此認為「加密資產一旦普及就不再需要銀行」的看法並不現實。

● 銀行具有3種支撐國家經濟的功能

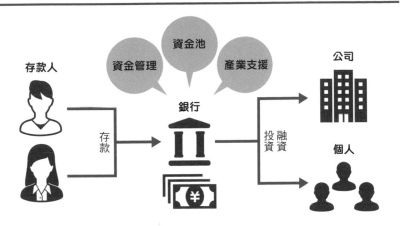

● 分析未來人們選擇使用「加密資產」的理由

可以匿名交易	真正需要匿名交易的只有跟犯罪有關的結算支付
手續費便宜	不一定會比較便宜。傳統金融服務也在改進
轉帳快速	在跨國匯款方面某種程度是正確的，但傳統金融服務也在改進
有升值潛力	「貨幣」本就不是為了放著升值而買的東西
不用擔心被凍結	正確
不想把錢給他人保管	不想自己管理資金的需求也很強。
因為很有趣	正確

總結	☐ 金融機構具有支撐國家經濟的功用
	☐ 「轉帳」不過是金融機構的其中一項職能
	☐ 傳統金融機構的服務也在快速改進

洗錢防制是國際義務

● 加密資產的「自由性」是犯罪者眼中的方便之門

　　「不受國家監管的自由性」的性質注定要背負「為犯罪者大開方便之門」的宿命。比如在日本，自2000年前後就爆發過許多起在電話上以花言巧語誘騙受害者把錢匯入指定銀行帳戶的詐欺犯罪。此類詐騙在日本總稱為「特殊詐欺」，但這種詐欺手法需要一個「**不會被警方追蹤到的銀行帳戶**」，因此也衍生出銀行帳戶買賣的地下交易。然而，假如加密資產在日本跟銀行帳戶一樣普及，那詐騙集團毫無疑問會改用加密資產來代替人頭帳戶。實際上，近年確實經常發生網路犯罪，比如在「以資料為人質要求贖金」的勒索軟體犯罪中，便經常要求受害者以加密資產支付贖金。

　　換言之，加密資產在現實世界已實際成為勒索收款、恐怖行動的資金轉賬、投資詐欺、表外交易等**犯罪的工具**。通過金融機構來防制洗錢和資助恐怖主義的AML／CFT對策，近年已成為一種國際義務，加密資產也不例外。以金融商品交易法為首，日本也開始用各種方法展開監管。

　　對比特幣的設計者中本聰而言，應該也不希望看到「加密資產被用於非法交易」的結果。然而已發生的現實無法重來，因此我們也必須正視這個現實，思考解決問題的方法。

● 我們必須思考如何應對「自由」的結算系統產生的副作用

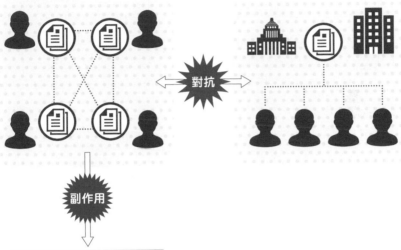

加密資產的理念	傳統的金融系統
► 去中心化 ► 自由的結算系統	► 由國家和巨型資本管理的世界

對抗

副作用

為犯罪者開方便之門

► 勒索收款
► 資助恐怖主義
► 表外交易
► 投資詐欺

需要防制對策

◎ 金融商品交易法
◎ 金融商品販賣法
◎ 資金結算法
◎ 課稅基準

總結	☐ 加密資產的構想是從傳統金融系統中解放獲得自由 ☐ 然而卻為組織性犯罪／恐怖組織帶來便利 ☐ 透過監管防止此類濫用正逐漸成為國際義務

〈附錄　文中介紹的組織、服務URL一覽表〉

【分散式帳本】 P.45

Shelf AP　https://shelfap.com
可在 Web 上買賣外國中古車的服務

Datachain　https://www.datachain.jp
經營區塊鏈資料交換技術的日本企業

VerifyCAR　https://www.bmw.com/ja/innovation/blockchain-automotive.html
BMW 經營的車輛履歷區塊鏈

【跨國轉帳】 P.110-113

SWIFT　https://www.swift.com/ja/swift-japanese
環球銀行金融電信協會（比利時），跨國轉帳的標準機構

SBI remit 株式會社　https://www.remit.co.jp/
SBI 集團經營的跨國匯款業務

瑞波公司　https://ripple.com/
經營中心化加密資產 XRP 的美國金融科技企業

RippleNet　https://ripple.com/insights/ripplenet-surpasses-200-customers-worldwide/
專門供銀行使用的 XRP 跨國匯款方案

【藝術品證明】 P.116

Art Certificate　https://www.certificate-of-authenticity-for-artwork.com/
可為藝術作品附加出自藝術家本人證明書的服務

Startbahn　https://shelfap.com
為藝術品發行帶有 IC 標籤的區塊鏈證書的服務

Blockchain Art Collective　https://blockchainartcollective.com/
可為藝術作品貼上 NFC 標籤貼紙以管理履歷的服務

【食品產銷履歷】 P.112

FarmerConnect https://www.farmerconnect.com/

連結咖啡與可可豆生產者和消費者的產銷履歷平台

【移動產業】 P.124

MOBI https://dlt.mobi/

推動移動產業區塊鏈、分散式帳本標準化的非營利組織

【智能合約】 P.130

OpenLaw https://www.openlaw.io/

可使用區塊鏈製作和執行法律契約的協議

Hyperledger Fabric https://www.hyperledger.org/use/fabric

Linux Foundation 旗下的區塊鏈技術開發計畫

Accord Project https://accordproject.org/

開源的智能合約工具開發計畫

【NFT 藝術】 P.146

Cryptpunks https://www.larvalabs.com/cryptopunks

由 10,000 個小型人物畫組成的 NFT 藝術集

Ringers https://opensea.io/collection /ringers-by-dmitri-cherniak

由程式自動生成的生成藝術 NFT 代表例

720 Minutes https://opensea.io/collection /720-minutes-by-alexis-andre

即時依照當下時間生成圖案的 NFT 藝術

手塚治蟲生成藝術 https://tezuka-art.nftplus.io/ja

隨機組合手塚治蟲作品的角色所生成的 NFT 藝術

Index

【日文版工作人員】

責任編輯　　和田規

編輯　　　　塚越雅之（TIDY）

裝幀　　　　菊池祐（Lilac 股份有限公司）

內頁設計　　山本真琴（design.m）

DTP・作圖　土屋光（Perfect Vacuum）

60PUN DE WAKARU! ANGOSHISAN CHONYUMON written by Mizuhiro Kaimai
Copyright © 2022 Mizuhiro Kaimai
All rights reserved.
Original Japanese edition published by Gijutsu-Hyoron Co., Ltd., Tokyo

This Complex Chinese edition published by arrangement with Gijutsu-Hyoron Co., Ltd.,
Tokyo in care of Tuttle-Mori Agency, Inc., Tokyo.

超解析加密資產大趨勢

Web3的新金融模式！
認識加密貨幣的運作原理、投資方式與隱藏風險

2023年2月1日初版第一刷發行

作　　　者　開米瑞浩
譯　　　者　陳識中
編　　　輯　魏紫庭
發 行 人　若森稔雄
發 行 所　台灣東販股份有限公司
　　　　　　＜地址＞台北市南京東路4段130號2F - 1
　　　　　　＜電話＞(02)2577 - 8878
　　　　　　＜傳真＞(02)2577 - 8896
　　　　　　＜網址＞http://www.tohan.com.tw
郵撥帳號　1405049 - 4
法律顧問　蕭雄淋律師
總 經 銷　聯合發行股份有限公司
　　　　　　＜電話＞(02)2917 - 8022

TOHAN

國家圖書館出版品預行編目(CIP)資料

超解析加密資產大趨勢：Web3的新金融模式!認識加密
貨幣的運作原理、投資方式與隱藏風險/開米瑞浩著；
陳識中譯. -- 初版. -- 臺北市：臺灣東販股份有限公
司, 2023.02
160面；14.7×21公分
ISBN 978-626-329-663-3[平裝]

1.CST: 電子貨幣 2.CST: 趨勢研究

563.146　　　　　　　　　　　　　111021917